O universo da decoração com balões

ADMINISTRAÇÃO REGIONAL DO SENAC NO ESTADO DE SÃO PAULO

Presidente do Conselho Regional
Abram Szajman

Diretor do Departamento Regional
Luiz Francisco de A. Salgado

Superintendente Universitário e de Desenvolvimento
Luiz Carlos Dourado

EDITORA SENAC SÃO PAULO

Conselho Editorial
Luiz Francisco de A. Salgado
Luiz Carlos Dourado
Darcio Sayad Maia
Lucila Mara Sbrana Sciotti
Luís Américo Tousi Botelho

Gerente/Publisher
Luís Américo Tousi Botelho

Coordenação Editorial
Verônica Pirani de Oliveira

Prospecção
Andreza Fernandes dos Passos de Paula
Dolores Crisci Manzano
Paloma Marques Santos

Administrativo
Marina P. Alves

Comercial
Aldair Novais Pereira

Comunicação e Eventos
Tania Mayumi Doyama Natal

Edição e Preparação de Texto
Amanda Andrade

Coordenação de Revisão de Texto
Marcelo Nardeli

Revisão de Texto
Silvana Gouvea

Coordenação de Arte, Projeto Gráfico e Capa
Antonio Carlos De Angelis

Editoração Eletrônica
Leonardo Miyahara

Impressão e Acabamento
Gráfica Melting Color

Créditos das Fotos
Adobe Stock Photos

Créditos das Fotos "Passo a Passo"
Yuri Merchan Tavares
Braian A. dos Santos

Coordenação/Supervisão Fotográfica
Fernanda Kirmayr

Produção Artística
Lu Belinato

Proibida a reprodução sem autorização expressa.
Todos os direitos desta edição reservados à

Editora Senac São Paulo
Av. Engenheiro Eusébio Stevaux, 823 – Prédio Editora – Jurubatuba
CEP 04696-000 – São Paulo – SP
Tel. (11) 2187-4450
editora@sp.senac.br
https://www.editorasenacsp.com.br

© Editora Senac São Paulo, 2025

Dados Internacionais de Catalogação na Publicação (CIP)
(Simone M. P. Vieira – CRB 8ª/4771)

Nascimento, Thiago
    O universo da decoração com balões / Thiago Nascimento, Edson Rossi. São Paulo: Editora Senac São Paulo, 2025.

    Bibliografia.
    ISBN 978-85-396-4201-4 (impresso/2025)
    e-ISBN 978-85-396-4202-1 (ePub/2025)
    e-ISBN 978-85-396-4203-8 (PDF/2025)

    1. Decoração com balões.   2. Decoração com balões – técnicas.   3. Empreendedorismo.   I. Rossi, Edson.   II. Título.

24-2298c   CDD – 745.594
                                                              BISAC EDU029040

Índice para catálogo sistemático
    1. Decoração com balões   745.594

Thiago Nascimento
Edson Rossi

O universo da decoração com balões

Editora Senac São Paulo – São Paulo – 2025

Sumário

Apresentação | 7

Introdução | 9

1. O universo da decoração com balões e seu vasto campo de possibilidades | 13

  Inovações e tecnologias | 14
  Referências temáticas e novos formatos de eventos | 20
   Festas infantis | 21
   Festas juvenis e adultas | 24
   Eventos corporativos | 27
   Eventos ao ar livre | 28
   Eventos sociais | 34
  Materiais necessários e novidades do mercado | 36
  Compor decorações considerando características dos ambientes e preferências dos clientes | 43
  Arrematando as ideias | 47

2. Criatividade e composição | 49

  Teoria das cores | 50
  O que é criatividade? | 59
  Referências e inspirações | 61
  Planejamento, elaboração de croqui e proposta de decoração | 63
  Arrematando as ideias | 66

3. Técnicas para o trabalho com balões | 69

  Aquecer e alongar para realizar trabalhos manuais | 70
  Materiais, modelos e tipos de balões | 72
  Técnicas de torção e amarração: duplet, cluster e topiaria | 77
   Torção simples | 79
   Torção de bloqueio | 80

Torção orelha de urso (ou beliscão) | 81
Torção laço | 82
Torção tulipa | 83
Nomenclaturas para a junção de balões | 84
Como prender nossa decoração na parede dos ambientes? | 87
Inflar balões com ou sem gás hélio e infladores manuais e elétricos | 87
Segurança | 89
Medida dos balões e a distribuição do ar | 90
Escultura de balões "nuvem" | 91
Realizar esculturas em balões: coração, polvo, borboleta, cachorro, flor e maçã | 94
Instruções básicas para cada escultura | 95
Estruturas e composições: arcos, colunas, vergalhão, guirlanda, painel, arranjos de mesa, de chão e suspensos | 116
Guirlandas | 116
Painéis e murais de balão | 117
Arcos de balões | 118
Colunas de balões | 119
Vergalhões | 120
Arranjos de mesa | 120
Vamos montar um arranjo? | 121
Arranjos de chão | 122
Decorações suspensas | 122
Arrematando as ideias | 124

4. Proposta comercial e empreendedorismo | 125

Assertividade e responsabilidade na relação com o cliente | 127
Dimensionamento de materiais, mão de obra e transporte | 129
Dimensionamento de materiais | 129
Dimensionamento de mão de obra | 129
Dimensionamento de transporte | 130
Precificação dos serviços e materiais | 130

Briefing | 132
    Mas quais são os elementos que você deve incluir em um briefing para o seu trabalho? | 132
    Informações básicas do cliente | 133
    Informações sobre a decoração | 133
    Informações sobre o local e o espaço | 134
    Informações sobre o orçamento | 134
Perfil do cliente, espaço, público-alvo e tema | 135
Arrematando as ideias | 137

Referências | 139

Apresentação

Neste livro, vamos mergulhar no colorido e fascinante universo da decoração com balões. Exploraremos as origens dessa arte, criada há muitos séculos, e contextualizaremos como ela evoluiu para se tornar uma forma de expressão única e versátil no mundo atual. Ao mesmo tempo, vamos examinar a dinâmica do mercado de trabalho, revelando tendências, demandas e oportunidades que tornam a decoração com balões uma escolha de carreira vibrante e promissora. Além disso, desvendaremos os segredos da criatividade e composição no mundo dos balões e exploraremos como a combinação de cores, formas e tamanhos pode transformar balões simples em criações surpreendentes. Por meio de exemplos práticos, você aprenderá a dominar a arte da composição, dando vida a cenários mágicos e atmosferas cativantes, que encantam clientes e convidados. Trataremos de tudo relacionado ao tema, desde os fundamentos, como inflar e amarrar, até as técnicas avançadas de escultura e torções. Com instruções passo a passo, você vai desenvolver habilidades que o ajudarão a criar peças de balões únicas e aprender a elaborar propostas comerciais competitivas e alinhadas às necessidades dos clientes e à sua visão criativa. Você será convidado a estudar como precificar seus serviços, gerenciar prazos e lidar com desafios comuns que surgem ao longo do processo. E, por fim, vamos descobrir como transformar sua paixão em um negócio sustentável e com potencial de crescimento, explorando estratégias de marketing, networking e expansão dos negócios.

Prepare-se para voar alto e conquistar o universo da decoração com balões!

Introdução

Michael Faraday, importante cientista inglês do século XIX, mal poderia imaginar que as suas experimentações com hidrogênio e borracha, em seu laboratório na Royal Institution de Londres, levariam à criação de algo que seria utilizado com finalidades absolutamente diversas daquelas que seus experimentos buscavam.

Thomas Hancock e Faraday são considerados os primeiros inventores a manipular materiais que os levariam para a criação de balões nos formatos que conhecemos hoje. Devemos também a eles, e às suas pesquisas com borracha, o mérito da decoração com balões ter se tornado um grande fenômeno cultural no mundo inteiro.

É possível encontrar registros de que o comércio de balões com a finalidade recreativa tenha se iniciado na virada do século XIX para o século XX. A partir daí, os balões em formato de palito se popularizaram entre as pessoas e, de forma criativa, foram manipulados de diferentes formas e aplicados nos mais variados contextos.

Hoje em dia, é difícil imaginar uma festa infantil sem balões coloridos, ou pensar numa ocasião romântica como o Dia dos Namorados sem o toque especial de um balão flutuante em formato de coração. No entanto, os balões foram pensados, a princípio, para serem utilizados para outros fins, como é o caso do balão de ar quente, criado para servir como um meio de transporte para finalidades militares.

Um fato curioso: certos pesquisadores contam que vísceras eram retiradas do organismo de animais para serem infladas e utilizadas de forma recreativa em eventos e festividades, como o carnaval na Espanha, por exemplo.

Podemos dizer, portanto, que o brincar com bexigas e intestinos de animais inflados é a primeira manifestação desse gênero a utilizar um elemento flutuante para momentos de diversão – como no caso dos bobos da corte, que fornecem entretenimento para a realeza com brincadeiras de todos os tipos.

SAIBA MAIS

Se você quiser entender melhor essa origem inusitada dos balões e a prática de inflar bexigas de animais, você pode acessar o vídeo (em inglês): "How to inflate a cow bladder" ("Como inflar uma bexiga de vaca", em tradução livre), do canal TheMobileMask. O vídeo mostra todo o processo e o resultado da prática, tratando também do histórico de uso dessas bexigas no Mardi Gras, festa tradicional de Nova Orleans, similar ao Carnaval. Veja no QRCode a seguir:

No que se refere à modelagem de balões para a criação de esculturas, historiadores acreditam que as primeiras esculturas modeladas em intestino inflado foram feitas pelos astecas, por volta de 1300, por razões que nada se ligavam com o entretenimento, mas com questões espirituais, em que o intestino de gato era modelado no formato de cachorro ou de burro e lançado em oferendas religiosas.

SAIBA MAIS

"The Red Balloon" ("O balão vermelho", em tradução livre) é um curta--metragem de 1956, dirigido por Albert Lamorisse, em que podemos ver como um simples balão pode ocasionar um prazer visual. O filme está disponível no canal de Inês Conduto, do Youtube, possui 34 minutos e apresenta de forma delicada o apreço de uma criança por esse brinquedo divertido. Veja no QRCode a seguir:

A respeito da decoração de ambientes com os balões da forma como conhecemos hoje, não há um indivíduo creditado como o primeiro a usá-los para esse fim. O que podemos afirmar é que, atualmente, é impossível pensar em um evento festivo sem balões, que tornam um ambiente agradável e alegre.

A arte de decorar, na qual vamos nos aprofundar no decorrer deste livro, desempenha um papel significativo em diversas esferas da vida. Pensar a decoração de um espaço permite que as pessoas expressem uma gama de fatores, que vão desde um tema até personalidade, conceitos e gostos individuais. E tudo isso pode ser colocado em prática por meio da escolha de cores, padrões, objetos e, no caso de eventos, do uso de balões.

Um simples salão de eventos vazio e monótono pode se tornar um ambiente acolhedor, agradável e divertido com a adição dos balões. Por isso, é importante pensar o universo da decoração com cautela e consciência, a fim de proporcionar uma melhor experiência para as pessoas que frequentam o espaço do evento em questão.

Além de proporcionar uma experiência agradável no ambiente, a arte de decorar pode promover o estímulo dos sentidos dos participantes, para que a experiência seja ainda mais significativa. Por esse motivo, vamos nos aprofundar a respeito de cores, texturas, formas e padrões profissionais relacionados ao universo dos balões, ajudando você a entender como estimular os sentidos e despertar emoções nos participantes de um evento.

Uma decoração bem-feita pode evocar sentimentos de calma, alegria, conforto ou inspiração, contribuindo para o bem-estar e a satisfação das pessoas que frequentam o espaço. A decoração com balões também pode desempenhar um papel importante na expressão da identidade cultural e no reforço de tradições e valores. Em eventos e festividades, a decoração tem o poder de criar uma atmosfera festiva e transmitir uma mensagem específica.

Em resumo, a arte de decorar é importante porque vai além da estética, contribuindo para a expressão pessoal, a criação de ambientes agradáveis, o estímulo dos sentidos, a melhoria da funcionalidade e a valorização das expressões culturais.

A decoração com balões tornou-se um aspecto precioso de qualquer celebração. A maioria das pessoas cuida da decoração de balões por conta própria, mas há muitas coisas que podem ser levadas em consideração. Por isso, nos capítulos a seguir, vamos nos aprofundar em materiais, técnicas e profissionais especializados nessa arte que vem crescendo e se aperfeiçoando cada vez mais.

CAPÍTULO 1

O universo da decoração com balões e seu vasto campo de possibilidades

Você já se perguntou o que faz um evento ser verdadeiramente memorável? Já parou para pensar no que está por trás de grandes decorações de festas e eventos que você já participou? E você sabia que a arte de decorar tem se tornado um negócio bastante promissor no mundo dos eventos e que balões, cores e artigos de decoração contam histórias?

A decoração com balões pode e deve ir muito além da beleza, ainda que ela seja bastante importante. Quanto mais você usar as ferramentas, conhecimentos e a própria criatividade (sem esquecer nunca o aspecto lúdico dos balões), mais você vai se destacar no mercado de trabalho. E que tal aprender como contar essas histórias e entender como se aproximar desse mercado? É com isso em mente que começamos a viagem por este livro. Vem com a gente!

Neste capítulo, apresentaremos elementos e possibilidades que poderão nutrir ideias para o desenvolvimento e realização de eventos e, assim, transformá-los em experiências memoráveis para seus frequentadores. Aqui, faremos uma exploração minuciosa das vertentes artísticas e empresariais deste promissor setor, nos aprofundando nas possibilidades que os balões proporcionam.

Entraremos em contato com algumas tendências de mercado e produtos que estão moldando o cenário da decoração com balões, revelando panoramas dinâmicos e *insights*. Nas páginas a seguir, vamos nos debruçar sobre a união entre a criatividade e uma ampla visão de negócios.

Desse modo, pretendemos possibilitar novas visões, tanto para aqueles que buscam aprimorar suas celebrações, ao explorar as possibilidades instigantes da decoração com balões, como para empreendedores aspirantes que almejam se destacar neste cenário repleto de oportunidades. Seja você um profissional da decoração já inserido no mercado ou um empreendedor querendo alçar vôos criativos e comerciais, as páginas a seguir deverão oferecer uma visão abrangente e inspiradora como preparação para você adentrar com confiança e destreza nesse vibrante mundo.

INOVAÇÕES E TECNOLOGIAS

A decoração com balões é uma área que sempre está se atualizando e apresentando novos produtos e inovações. É importante, então, lembrar que essa não é uma área estática e os profissionais estão sempre de olho em novos produtos e tecnologias, na busca por uma modernização e por uma interação mais atrativa com os clientes. Elencamos a seguir algumas inovações e tecnologias emergentes.

- **Balões com luzes de LED:** com pequenas luzes de LED incorporadas em seu interior, esses balões estão sendo muito utilizados em eventos e festividades noturnas. As luzes podem ser programadas utilizando a função de alternância de cores e outras dinâmicas de efeitos. Esses balões criam uma atmosfera absolutamente lúdica e são muito funcionais no que diz respeito à atração para efeitos visuais. E, em seu interior, é possível também inserir imagens e até fotografias.

Balões com luzes de LED acesas.

- **Balões transparentes e metalizados (metálicos):** esses balões permitem a inserção de confetes em seu interior, além de outros artifícios que podem agregar elegância e personalidade, como folhas secas e papéis coloridos e luminosos. Os balões metalizados (metálicos) podem complementar a decoração de arranjos com balões transparentes e trazer um estilo especial para o todo, pois apresentam um toque de sofisticação, por não serem habituais.

Arranjo de balões metalizados (metálicos).

- **Decoração orgânica combinada a balões:** essa pode ser uma excelente opção para decorações ao ar livre, integrando a decoração ao espaço no qual ela está inserida. Nessa decoração, é possível usar os balões junto a árvores, arbustos e até pilastras. Essa tendência criativa busca explorar novas possibilidades no trato com texturas e cores mais próximas da natureza, além de camuflar elementos arquitetônicos do espaço que não seja interessante deixar visíveis.

Balões para arco orgânico.

- **Impressão digital em balões:** essa é uma tecnologia que permite a personalização de designs, que podem ser impressos diretamente nos balões. Seja o logotipo de uma marca, uma imagem específica, uma palavra ou até uma mensagem especial, esse tipo de tecnologia pode proporcionar um toque de exclusividade às decorações.

Balões com impressões digitais.

- **Balões biodegradáveis:** em diálogo com um pensamento sustentável, os balões biodegradáveis estão se tornando uma opção cada vez mais assertiva no que diz respeito a futuros impactos ambientais. Esses balões se decompõem mais rapidamente e causam menos impacto negativo para a natureza do que os balões convencionais.

- **Balões com modelagem não convencional:** com o auxílio de tecnologias de modelagem e escultura, é possível a utilização de softwares de modelagem 3D e máquinas de corte a laser para a criação de formas e esculturas mais detalhadas, permitindo a realização de projetos verdadeiramente únicos. Esse é o caso, por exemplo, de balões contabilizando número de seguidores nas redes sociais, a idade de aniversariantes ou homenageando turmas de formatura de faculdade.

Balões com modelagem não convencional.

- **Balões com aromas e fragrâncias:** é possível encontrar no mercado atual difusores de essências com balões constituindo a decoração do produto, proporcionando ao cliente uma experiência sensorial completa, combinando o aspecto visual, proporcionado pelos balões, a uma experiência olfativa, por meio de uma fragrância característica.

Algumas empresas específicas estão oferecendo serviços de integração de **Realidade Aumentada (AR)** e **Realidade Virtual (VR)** na decoração com balões, disponibilizando ao cliente a possibilidade de visualizar como a decoração deverá ficar em um ambiente específico com antecedência, aproveitando, assim, a oportunidade de apresentar outras opções de decoração de modo mais imersivo.

Como expusemos aqui, a área de tecnologia e inovação relacionada aos balões tem se desenvolvido bastante, sempre descobrindo maneiras criativas de se atualizar – e as novidades não param de ser inseridas no mercado. Utilizando essa tecnologia como uma verdadeira aliada, novas possibilidades estão cada vez mais tornando a decoração com balões um capítulo único dentro do universo dos eventos.

REFERÊNCIAS TEMÁTICAS E NOVOS FORMATOS DE EVENTOS

A decoração com balões é uma forma versátil de transformar qualquer evento em um cenário incrível e memorável. Vamos levantar aqui algumas referências temáticas e novos formatos de eventos nos quais a decoração com balões pode ser aplicada de maneira criativa.

Mostraremos os temas mais pedidos no mundo da decoração e inovações que tem feito parte dos eventos e estão atraindo maior visibilidade. Mas saiba que você pode ter autonomia na criação; então, fique livre para reinventar cada estilo e seja criativo para impressionar e chegar no objetivo do seu cliente. Nesta parte do capítulo, falaremos dos modelos tradicionais e os mais utilizados, mas pense fora da caixinha e atente ao consumo consciente para sempre realizar eventos sustentáveis e ecológicos.

Para simplificar, vamos dividir algumas categorias e formatos de eventos distintos e abordar o que está sendo feito em cada um deles. Porém, é necessário ter em mente que os temas mais populares para decoração de festas com balões podem variar ao longo do tempo e de acordo com as tendências atuais.

As **temáticas populares** são as que encontramos em eventos mais frequentes e familiares, reuniões como festas de aniversários, chás de cozinha, de bebês e de revelação, bodas, batizados, aniversários de casamento, festas de 15 anos, Natal e réveillon.

Os mesmos temas podem ser escolhidos tanto por crianças quanto pelos adultos, o que vai diferenciá-los é a abordagem na composição decorativa. Para crianças, é possível explorar os elementos mais lúdicos, criativos, imagéticos e interativos na decoração. Para elaborar a decoração para o público adulto, pense em abordar o tema com mais sofisticação e elegância, apostando no minimalismo, criando ambientes instagramáveis e levando em consideração as características do cliente para cultivar a personalidade dele dentro do tema.

Festas infantis

Começaremos abordando os temas mais pedidos pelas crianças: **super-heróis** e **princesas**. Nestas festas poderemos usar os balões para representar os logotipos e símbolos dos super-heróis favoritos, criando uma atmosfera de ação e aventura. Também é possível utilizar os próprios balões para montar castelos e carruagens, cenários medievais que vão abarcar os personagens da realeza.

Hoje em dia também encontramos muitas festas temáticas inspiradas em **filmes** e **séries**. Pensando nisso, elabore decorações inspiradas no famoso mundo do cinema e nos streamings. Podemos compor a decoração com balões em forma de personagens, painéis reproduzindo cenários icônicos, arcos com balões metalizados (metálicos) com estrelas de cinema e balões personalizados inflados com gás hélio. Faça a decoração com cartazes de filmes e elementos característicos de cada título escolhido.

Trabalharemos também com temas relacionados aos **personagens favoritos** dos clientes, seja de desenhos, filmes ou programas televisivos. Para essas criações, vale a pena realizar uma pesquisa do universo do personagem em questão, para encontrar as características que usaremos na decoração.

Há, ainda, temas em que, na maioria dos projetos, são trabalhados com cores de tom pastel e com toques de magia nos elementos criativos. São os temas de **unicórnio**, **ursinhos**, **bebês**, **bichinhos**, **festa do pijama**, **primavera** e outros desse mesmo universo. Sempre optamos por tons pastéis quando desejamos criar uma sensação de sonho e elegância para o evento.

Decoração com temática de unicórnio e tons pastéis.

Ainda falando em cores, **arco-íris** é um tema colorido e vibrante, perfeito para eventos alegres. Nesse tema, podemos abusar das cores fortes e da união de tons diferentes, além de usar elementos presentes em lendas, como o pote de ouro, gnomos e duendes, etc.

Decoração com temática de arco-íris para festa infantil.

Muitas festas infantis estão adotando os temas **selva** ou **safari**, **fazendinha** e **fundo do mar**. Nesses temas, exploramos os animais exóticos e elementos da natureza. Utilize as técnicas da escultura em balões, para compor detalhes que vão enriquecer o tema.

Balões com formatos de animais são uma boa opção para festas com temática de selva, fundo do mar e fazendinha.

Podemos citar também o tema **espaço sideral**, que conquista crianças (e adultos, como falaremos mais à frente) interessadas em astronomia. A decoração de balões vai abranger elementos como planetas, estrelas e naves espaciais, criando uma atmosfera cósmica. Explore uma paleta de cores metálicas, que transita do azul ao roxo, passando pelo cinza, e use sua criatividade para realçar esse ambiente espacial único.

Para a temática de espaço sideral, é possível usar balões prateados, em formato de foguetes ou até mesmo usar balões para representar planetas.

Festas juvenis e adultas

Os temas **viagem** ou **aventura** estão presentes não só em aniversários, mas também em eventos de despedida, boas-vindas ou ocasiões de festas coletivas. Para a criação desses temas, explore características dos lugares, cores típicas, bandeiras, animais e a reprodução de paisagens, contribuindo, assim, para a materialização de aventuras e viagens ao redor do mundo.

Podemos citar também o tema **viagens no tempo**, com as festas que retratam décadas passadas usando os elementos culturais característicos de cada época para criar um ambiente único e temático. As décadas mais escolhidas são:

- **Década de 1920:** conhecida como a "Era do Jazz", essa década é marcada por estilo e glamour.
- **Década de 1960:** a década é marcada pelo estilo hippie, cores e desenhos psicodélicos e tem os Beatles e o Movimento Tropicalista como referências.

- **Década de 1970:** é marcada pela disco music, personagens extravagantes, festas disco e uma mistura de estilos.

- **Década de 1980:** é a década do neon, da música pop, dos videogames clássicos e de filmes icônicos.

- **Década de 1990:** é a década da cultura pop, do grunge e do surgimento da internet, além de músicas e programas de TV memoráveis.

- **Década de 2000:** elementos dessa década incluem cultura pop, pop punk, hip-hop e a tecnologia em desenvolvimento.

Ter uma década como tema de uma festa pode ser uma maneira divertida de celebrar a história, a cultura e a moda de um período específico. Por isso, pense em criar um ambiente nostálgico para os participantes do evento.

Vale citar novamente a temática **arco-íris**, que hoje em dia está muito presente nas festas LGBTQIAPN+. Aqui, podemos criar um ambiente para celebrar essa cultura e esse movimento social e usar como inspiração a própria Parada do Orgulho LGBTQIAPN+. Mas é importante tomar cuidado com os elementos escolhidos, para que nada seja considerado ofensivo.

A temática de arco-íris está bastante em voga para eventos e decorações variadas, sobretudo no mês de junho, que é o Mês do Orgulho LGBTQIAPN+.

Como citamos anteriormente, o tema **espaço sideral** também pode funcionar muito bem com jovens e adultos. Porém, para esse tipo de festa será necessário usar elementos mais adultos, menos lúdicos. Talvez pensar em uma festa à fantasia com essa temática e utilizar elementos mais elegantes na decoração, como balões prateados, imagens mais realistas de planetas ou mesmo que remetam a extraterrestres. Também é possível usar a paleta de cores transitando do azul ao roxo, passando pelo cinza.

SUGESTÃO

Infle com gás hélio um balão redondo 11" (11 polegadas)[1] e coloque o desenho dos olhos de um E.T., então crie cabeças de extraterrestres flutuando na decoração e no espaço.

Os **temas numéricos** podem ser utilizados em festas de aniversário, comemoração de alguma meta atingida ou em datas específicas. Você pode criar, para essa decoração, números gigantes feitos de balões, e esse será o destaque dentro do seu projeto de decoração.

O chá de revelação do bebê é um tipo de evento que cresceu muito nos últimos anos, e o que mais encontramos nessas festas são decorações que utilizam balões de duas cores diferentes para representar o gênero do bebê, que será revelado no evento. Na sua decoração, você pode criar surpresas emocionantes para trazer a revelação. Lembre-se de que o tema e as cores devem ser escolhidos para refletir a personalidade dos pais, e é importante que você tenha algumas opções de decoração que fujam do esperado azul e rosa e criem um ambiente mais suave. Alguns temas que podem estar presentes nessa ocasião são: **bolinhas ou balões, príncipe ou princesa, times de futebol, patinhos ou borboletas, lápis de cor, marinheiro e sereia, futebol ou bailarina**, etc.

---

[1] A aspa dupla corresponde à polegada, unidade de medida para balões.

O chá de revelação é um momento em que é possível usar os balões de forma criativa e interativa.

Eventos corporativos

A comunicação eficaz com os colaboradores e a realização de eventos para promover conscientização e treinamento tem passado cada vez mais por inovações, e esses eventos podem ajudar muito no sucesso das empresas. Aderir a decoração em balões como uma ferramenta para criar impacto e captar a atenção do público é uma abordagem interessante e criativa, pois a arte com balões pode ser uma grande aliada para garantir os efeitos esperados na ação corporativa.

Para criar uma conexão mais forte com o público, certifique-se de que o tema escolhido na decoração com balões seja relevante para a mensagem que você deseja transmitir. Pense em alinhar a decoração com os valores da empresa e/ou com os tópicos que serão destaques no treinamento e na conscientização. Utilize formas únicas, combinações de cores e arranjos que representam visualmente a mensagem e que combinem com a identidade visual da empresa, incluindo o logotipo, símbolos relevantes e mensagens curtas.

Em um mundo em que a busca por consciência ambiental está cada vez mais urgente, o tema **meio ambiente** tem sido muito discutido nas empresas. Para essa decoração, além de pensar no projeto visual, utilizando as cores de identificação de resíduos, considere opções sustentáveis, como balões biodegradáveis ou materiais reutilizáveis. Isso mostra o comprometimento da empresa com a responsabilidade ambiental.

Dentro dos eventos empresariais, podemos receber pedidos de decoração com a finalidade de **interação**. Esse tipo de evento pode incluir atividades em que os colaboradores possam participar, como escrever mensagens em balões ou criar as próprias decorações. Isso estimula o engajamento e a participação ativa. Podemos aplicar essas ideias em combinação com os temas e objetivos variados da empresa.

Nesses eventos, é comum ver temáticas como: **inovação e tecnologia, diversidade e inclusão, saúde e bem-estar, comunicação e colaboração, networking e relacionamento, eventos de premiação, cultura local** e **lançamento de produtos ou serviços**. Inove nos designs dos balões e, de acordo com o tema escolhido e com elementos interativos, crie uma experiência memorável e envolvente para os colaboradores.

Eventos ao ar livre

Os espaços abertos são os mais desafiadores no momento de criação e de montagem da decoração com balões. Precisamos transmitir uma atmosfera festiva em um ambiente natural e sem limites de tamanho. Para isso, conte com balões coloridos e animados e combine-os com os elementos que já existem no espaço, como os jardins e as flores. Muitas vezes, escolhemos cores em tons pastéis para transmitir frescor e delicadeza.

O estilo **piquenique** é um clássico em festas de aniversários e eventos que acontecem de uma forma descontraída ao ar livre. As decorações com estilo desconstruído são indicadas, e você pode adicionar um toque temático, como um **piquenique tropical**, **vintage**, de **cinema**, etc.

Em festas ao ar livre, é interessante combinar a decoração com o ambiente.

O tema **verão** pode ser muito utilizado nesses espaços abertos, como chácaras, sítios, espaços com piscina e com areia, por exemplo. Nesse tema, trabalhe com as cores que retratam o clima tropical e utilize esculturas que representam elementos refrescantes. Nesses espaços podem aparecer também temas como **festa havaiana** ou **tropical**.

SUGESTÃO

Caso haja uma piscina no espaço, é recomendado incluir em seu planejamento balões flutuantes ou esculturas subaquáticas, como simpáticos peixinhos, que podem ser um destaque exclusivo.

Abuse de cores em festas ao ar livre e com o tema verão.

DICA

Você pode fazer o peixe juntando o balão redondo 11" e o balão palito 260.

Utilize duas cores, ou tons diferentes da mesma cor, para realçar os detalhes do peixe.

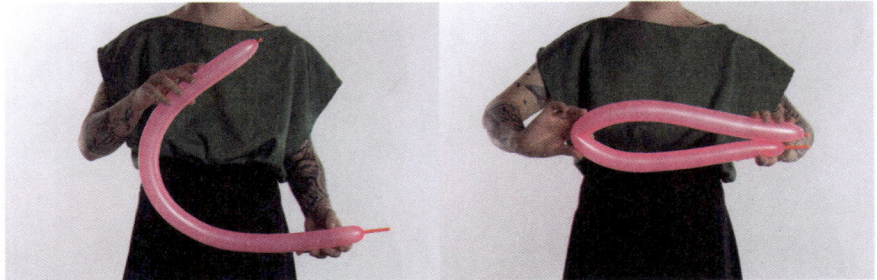

Infle os balões, deixando uns 3 cm do balão palito sem inflar. Aproxime as duas pontas para descobrir onde é o centro do balão.

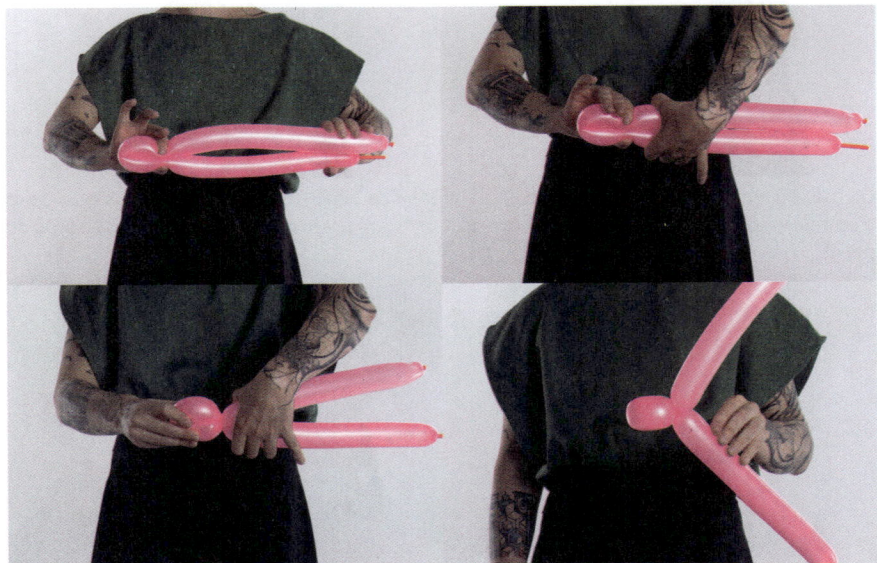

Faça uma torção, criando um gomo de formato C; torça várias vezes para fixar.

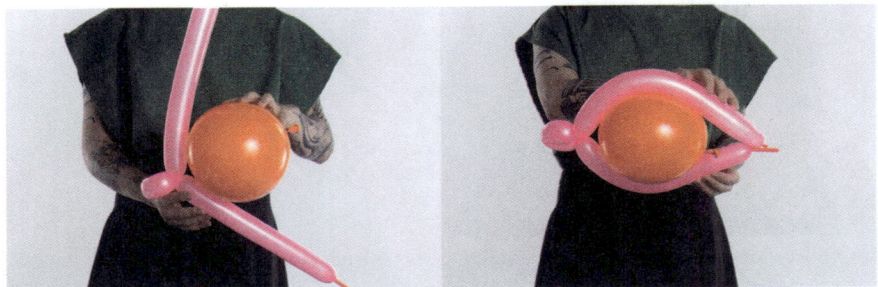

Envolva o balão redondo com o balão palito, deixando o gomo da boca do peixe na parte de cima.

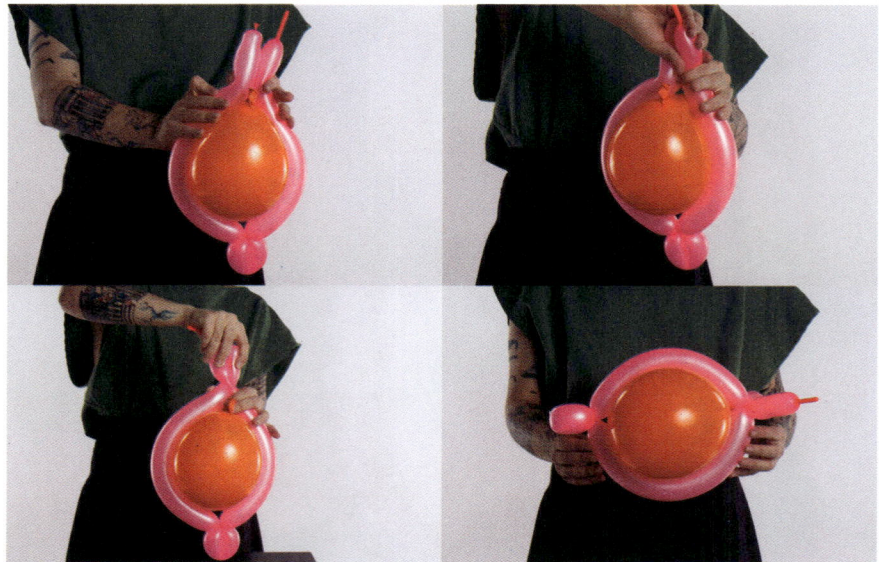

Com as extremidades do balão palito, faça um rabo de peixe, torcendo dois gomos separados e unindo-os com o gargalo do balão redondo, que ficará preso no centro, formando o corpo do peixe.

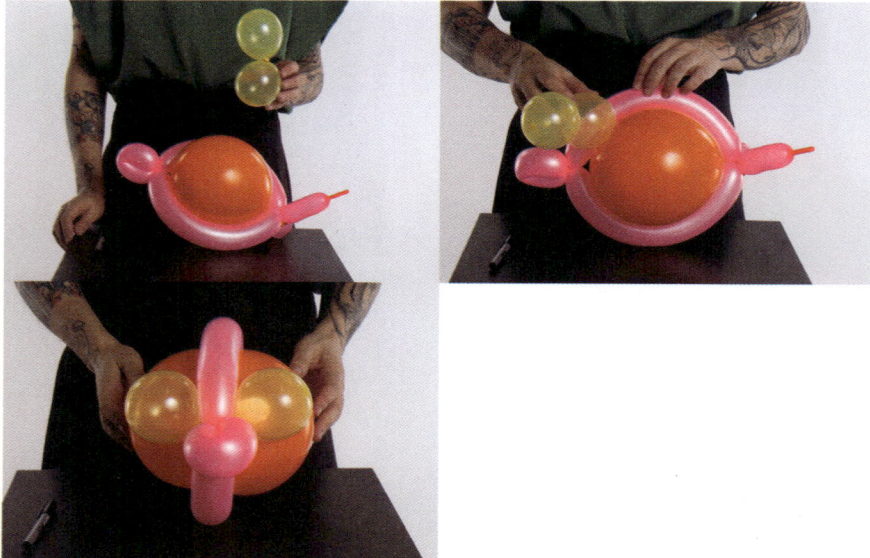

Use dois balões pequenos para fazer os olhos do peixe e encaixe-os acima da boca do peixe.

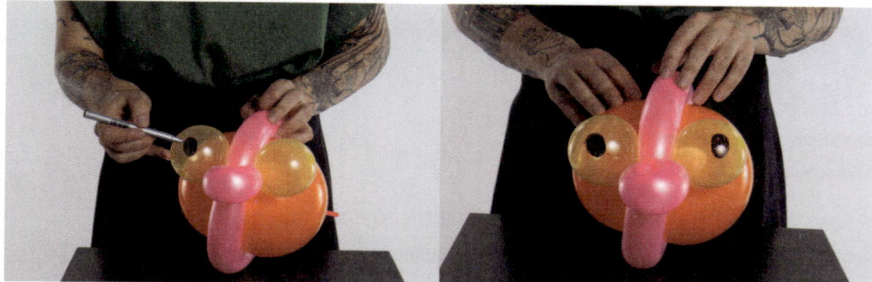

Para finalizar, desenhe ou cole círculos pretos nos olhos do peixe.

O tema **piratas** ou **caça ao tesouro** também é um sucesso em espaços abertos e é ótimo para provocar interação dos convidados: é possível incluir barcos, âncoras, baús, tubarões e outras representações de animais na decoração. Os balões podem ajudar muito na atividade de caça ao tesouro, criando espaços separados para procurar as pistas.

Teremos muitos pedidos de decoração em espaços abertos para **casamentos ao ar livre**. Decore com arcos de balões na entrada da festa e inclua elementos flutuantes. Para adicionar um toque mágico à cerimônia, você pode usar cores suaves e formas elegantes. Pendure balões nas árvores, use balões em formas de anéis, corações, flores, e letras para personalizar o espaço, ilustrando o amor do casal. Não esqueça de decorar as mesas com arranjos românticos e sofisticados, que podem ser unidos com flores verdadeiras.

A decoração para casamentos ao ar livre pode ser romântica e sair do lugar-comum.

FIQUE ATENTO

Atenção ao descarte do material de decoração em espaços abertos: não podemos descartar esse material na natureza de forma irregular, pois o balão pode ser muito prejudicial para o solo e para os animais. Em caso de espaços públicos, certifique-se antes se o uso de balão é permitido no local.

Eventos sociais

Eventos sociais são planejados por uma variedade de pessoas e organizações, incluindo indivíduos, empresas, grupos comunitários, instituições de caridade, agências de eventos e muito mais. Eles abrangem uma ampla gama de temas, cada um com o objetivo de proporcionar uma experiência única e agradável para os participantes. Falaremos a seguir de alguns exemplos de possíveis temas.

Temos os eventos beneficentes com temas específicos de **caridade** e **solidariedade**, eventos de arrecadação de fundos com temas de **esperança** e **mudança social** e eventos de conscientização abordando temas de **saúde** e **direitos humanos**. Nesses casos, decore com balões que representam a cor ou o símbolo da causa e objetivo do evento, aumentando assim o impacto da ação.

Há também os eventos culturais e festivais de bairro, que levam temas como **datas comemorativas, diversidade, artesanato** e assuntos da **cultura local**. Vale uma pesquisa sobre o assunto principal de evento e decoração que remeta a ele.

Em eventos esportivos, trabalharemos com temas de **competições**, abordando na decoração características de todos os esportes. Em **caminhadas** e **corridas beneficentes**, use balões para marcar a linha de chegada e criar um ponto de destaque.

Lembre-se de que a chave para o sucesso na decoração com balões é a criatividade e a capacidade de personalizar as decorações de acordo com o tema e o ambiente do evento. Esteja aberto a experimentar novas ideias e combinações para criar uma experiência única e memorável para seus clientes e convidados.

Gostaríamos de citar aqui um novo estilo que vem crescendo muito no ramo da decoração de festas e eventos, a conhecida **festa vintage** ou **provençal**. Esse é um estilo que tem origem na França, em uma cidade localizada no sul do país chamada Provença, onde o estilo de vida camponês ainda é preservado. Fazem parte desse estilo o romantismo e a delicadeza; desse modo, a decoração deve ser pensada na composição entre peças e objetos rústicos e flores delicadas. Essa escolha é apropriada para quando a festa é realizada na própria casa do cliente, deixando o ambiente mais elegante, pois essa é uma característica desse estilo: transformar um ambiente comum em algo sofisticado. Festa vintage ou provençal faz sucesso na decoração de casamentos, chá de bebê e eventos nos quais o cliente priorize o simples, trabalhando com objetos e acessórios antigos, bancos de praça, armários coloniais, almofadas e poltronas. Além disso, a paleta de cores deve combinar com a cor dos objetos e da madeira que estará à mostra. A partir dessas características, vamos buscar cada vez mais personalizar nossa decoração de acordo com o gosto de quem a contratou e com as características do que foi requisitado. Além de utilizar os arcos orgânicos em tons que combinem com o evento, podemos compor com detalhes feitos com balões, como flores, corações, ursinhos, chupetas, pirulitos e doces, decorando também as mesas com pequenos arranjos que conversem com o cenário montado. Mas cuidado para não exagerar nesse estilo.

A decoração para festa vintage ou provençal é bastante eclética e pode ser usada em eventos infantis e adultos (imagem gerada por IA).

DICA

Fique atento ao número de convidados, para que sua decoração não ocupe um espaço muito grande da festa. Nossa arte deve se adaptar para comportar os convidados e deixar todos confortáveis e deslumbrados com a beleza dos detalhes da decoração. Além disso, é importante que a personalidade do cliente esteja sempre presente em toda a construção do evento.

MATERIAIS NECESSÁRIOS E NOVIDADES DO MERCADO

Todo profissional precisa ter em mãos materiais adequados para desenvolver o seu trabalho. Trataremos agora dos principais e das inovações que estão auxiliando o trabalho do decorador em arte com balões.

Esta é uma lista básica de materiais necessários para quem quer iniciar no trabalho. Em seguida, falaremos um pouco mais sobre eles e as novidades da atualidade para esses materiais.

- Balões redondos e balão palito/canudo.
- Fitas adesivas, canetas permanentes, elásticos (liga de dinheiro) e clipes de papel.
- Infladores e extensão elétrica.
- Medidor de balões.
- Linhas e fios para amarrações.
- Tesoura e cortador de balões.
- Cola para balões.
- Tubos de PVC ou varetas de alumínio e vergalhão.
- Bases para a decoração.
- Enrolador de balões 260 ou palito.

Os balões são o material principal do nosso trabalho, em seus vários formatos, cores, texturas e tamanhos. Abordaremos mais características e relacionaremos cada forma de utilização no tópico específico sobre balões deste livro.

Fitas adesivas, **canetas**, **elásticos** e **clipes de papel** são materiais de papelaria que vão ajudar no processo de montagem de muitas esculturas e painéis. As fitas adesivas nos permitem fixar balões em superfícies em que não conseguimos amarrar um fio, e as mais utilizadas são: fita crepe, preferencialmente para superfícies de alvenaria; fita adesiva transparente; e fita dupla face – essas últimas são mais difíceis de ser removidas, por isso optamos em usá-las em paredes com azulejos ou pinturas com revestimento. Tenha sempre canetas permanentes, como aquelas utilizadas para marcar CD e DVD. Usaremos o elástico, também conhecido como liga de dinheiro, para fazer junções de balões na decoração, e os clipes de papel vão lhe ajudar a unir os elásticos.

Precisamos garantir os **infladores** de balão, pois não podemos contar com os nossos pulmões para encher todas as bexigas da decoração. Então, para facilitar e agilizar o seu trabalho, são necessários dois tipos de infladores: elétrico e manual.

O primeiro é o **inflador elétrico**, que conta, hoje em dia, com muitos modelos que variam de tamanho, capacidade e número de bocais no inflador. Opte sempre por modelos que sejam mais silenciosos – nossa tecnologia está avançando e já existem máquinas que garantem o menor barulho possível.

Veja no QRCode a seguir um vídeo com o inflador elétrico em funcionamento.

DICA

Para utilizar livremente esse equipamento, garanta sempre uma extensão elétrica. Como dependemos de energia, leve consigo sempre essa extensão, pois isso vai garantir a mobilidade do seu inflador elétrico.

O outro inflador que não podemos esquecer é a **bomba manual**, que auxilia no momento de inflar os balões do tipo palito, balões não redondos e balões menores. Ele se faz necessário para pequenos detalhes, quando for preciso dimensionar a quantidade de ar dentro de um determinado balão do planejamento da decoração.

Bomba manual para inflar balões.

DICA

Tenha sempre um inflador manual reserva com você, pois ele é sempre o mais frágil dos nossos equipamentos.

O **medidor de balões** é necessário para garantir um trabalho profissional e padronizado. Essa ferramenta é uma caixa com furos circulares que correspondem ao tamanho da polegada que seu balão precisa ter. Normalmente encontramos esse medidor feito de MDF, com placas desmontáveis para facilitar o armazenamento, mas também podemos encontrar feito de outros materiais, como o plástico e o papelão. Esse é um equipamento que facilmente conseguimos fazer em casa.

As polegadas necessárias para a decoração são:

2"/ 2,5" / 3" / 3,5" / 4" / 4,5" / 5"/ 6" / 7" / 8" / 9" / 10"

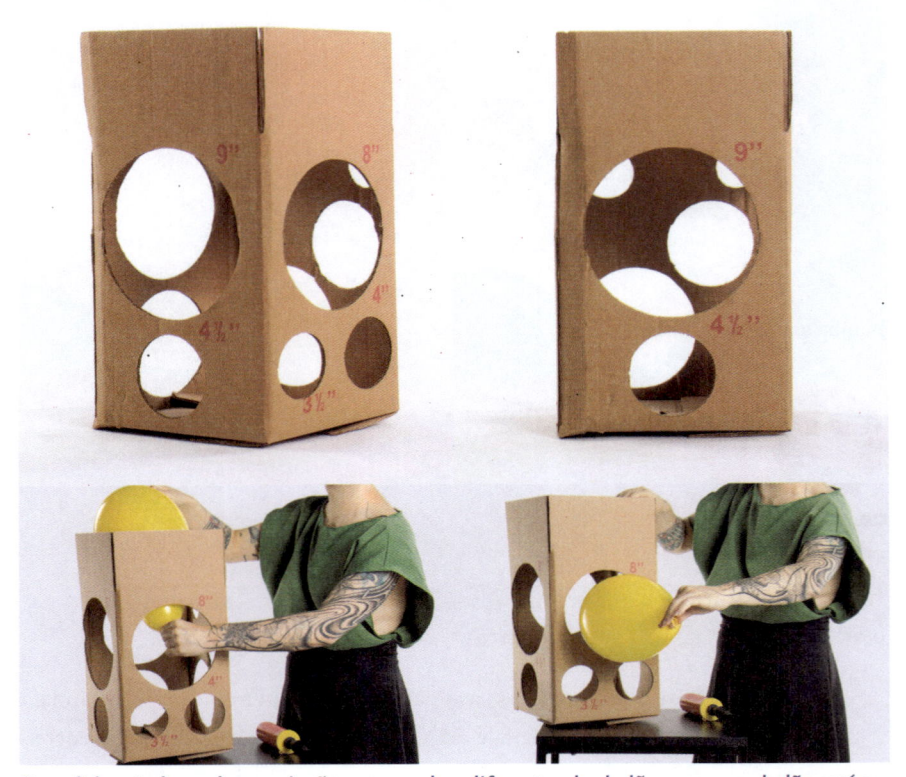

O medidor ajuda a saber quais são os tamanhos diferentes dos balões e se o seu balão está suficientemente cheio.

SAIBA MAIS

Além das nossas dicas, temos dois tutoriais em vídeo para ajudar a fabricar seu próprio medidor de balões:

- O primeiro é "Como fazer medidor de balões/como usar medidor de balões", disponível no canal Baú Mágico Festa – veja no QRCode a seguir:

- O segundo é "DIY balloon sizer box | cardboard box balloon sizer tutorial" (em inglês), disponível no canal Event Answer – veja no QRCode a seguir:

Existem muitas opções de **linhas** e **fios para amarrações**. Por isso, levando em consideração o planejamento da decoração de cada evento, definimos qual a melhor opção para contribuir com o efeito que você busca. A **linha de nylon** mais comum que utilizamos é na espessura de 0,40 mm e 0,60 mm – mas aconselhamos utilizar o de 0,80 mm, que é mais resistente e não machuca a mão. Quando a ideia é usar linha colorida e deixar o fio aparente, o mais recomendado é o **fio de nylon encerado**, também encontrado em espessuras diferentes. Temos também o **fitilho**, um material disponível em tamanhos e cores variadas; com ele, montamos acabamentos festivos amarrados ao final do balão. O **barbante** também pode ser utilizado para amarrações e montagens.

Todo decorador sabe da necessidade de ter sempre uma **tesoura** ou **material para corte** por perto, pois a todo momento estamos cortando fios das amarrações e sobras de balão da decoração. Já existem no mercado ferramentas de corte portátil que facilitam muito para quem trabalha com balões, e modelos de cortador que se encaixam na roupa, facilitando o corte no momento que for preciso.

A **cola para balão** é necessária quando, em nossa decoração, estamos fazendo esculturas ou arranjos com formas e detalhes que não conseguimos juntar ao balão com as técnicas de amarração ou de torções. Você também pode usar a cola de borracheiro, utilizada para câmaras de ar de bicicleta, já que ela é mais fácil de encontrar e tem o mesmo resultado.

Os **tubos de PVC para água** de 3/4" (25 mm) e as **varetas de alumínio** são materiais úteis para criar as estruturas, arcos e colunas nas montagens de cenários ou personagens. Encontre no mercado os tubos desmontáveis, assim, você conseguirá utilizá-los em decorações diferentes, variando tamanho e formato da escultura.

Seguindo nossa lista de necessidades, precisamos pensar nas bases de sustentação da nossa decoração. Existem modelos em diversos materiais, e os mais recomendados são os de ferro e madeira. Podemos fazer também uma base com balões cheios de água, criando um peso que segura a estrutura – essa solução é muito utilizada em decorações pequenas de mesa.

O **enrolador de balão 260 ou palito** é um equipamento para realizar a técnica de espiral no balão tipo 260. Costuma ser muito utilizado em detalhes para arcos, painéis e árvores. Muitas vezes, improvisamos esse equipamento com um pedaço de madeira ou outro objeto no formato cilíndrico. Mas esse equipamento, disponível no mercado, vem para facilitar, pois ele possui uma presilha estilo jacaré que segura a outra extremidade do balão enquanto o enchemos, permitindo realizar a técnica sozinho e com mais rapidez.

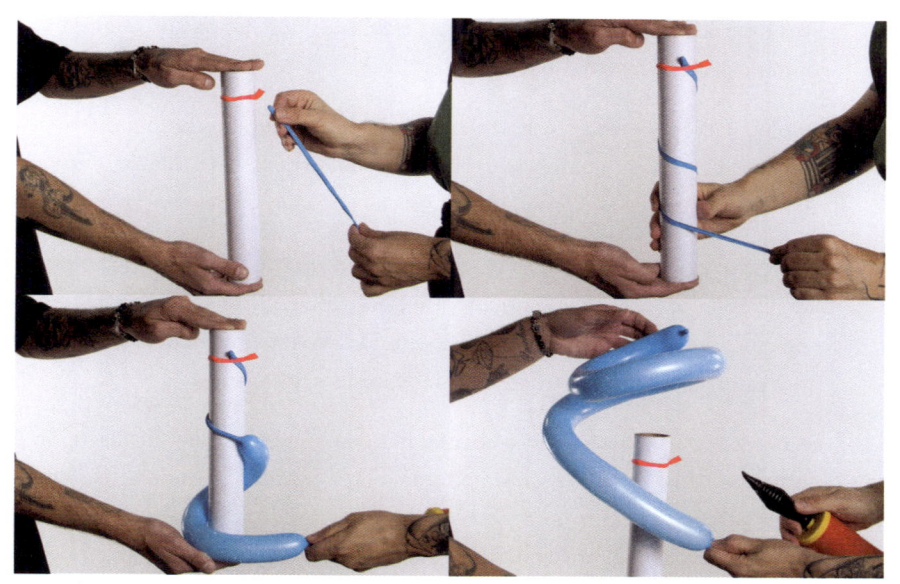

O enrolador de balões ajuda a deixar os balões com o formato de espiral.

DICAS

- Não deixar o balão torcido na barra, para não impedir que o ar passe com facilidade e infle o balão.

- Infle todo o balão e depois o esvazie, para deixá-lo mais maleável e facilitar o trabalho ao inflá-lo enrolado no equipamento.

COMPOR DECORAÇÕES CONSIDERANDO CARACTERÍSTICAS DOS AMBIENTES E PREFERÊNCIAS DOS CLIENTES

No processo de criação de ambientes decorativos para diversos locais, é fundamental adotar uma abordagem abrangente e criativa. Para isso, é essencial o estudo do espaço em que será realizado o trabalho, pois as formas, cores e estilos presentes na estrutura podem influenciar as escolhas da sua composição decorativa.

Como decorador, você pode ser convidado para decorar e compor diferentes ambientes, seja em um local interno, como salão de festas e sala de reuniões, ou espaços externos, como jardins, praças ou locais de eventos ao ar livre.

Pesquise as características e particularidades do evento e destaque o perfil do cliente, colocando autenticidade e criatividade. Essa será uma habilidade que pode lhe trazer relevância no mundo do trabalho, marcando assim o seu diferencial ao superar as expectativas dos seus clientes.

Comece conversando com o cliente, para entender as preferências, visão e objetivos do evento. Descubra o tema, cores e estilo desejados (falaremos mais sobre cada etapa no decorrer deste livro). Se for possível, visite o local antecipadamente, para avaliar o espaço disponível, a iluminação, o teto, as paredes e outros elementos que podem influenciar e contribuir na criação da decoração.

DICA

Considere as dimensões do espaço ao fazer suas escolhas. Um salão grande pode acomodar arcos e colunas imponentes; já em um espaço menor, você pode abusar dos centros de mesas criativos e elementos com mais detalhes, adaptando suas ideias para o espaço. Garanta que as cores da decoração estejam em harmonia com as cores do ambiente, pois isso ajudará a criar uma atmosfera coesa e agradável.

Na montagem, identifique um ponto central no ambiente, que pode ser o palco, a mesa de honra ou a entrada, para destacar a decoração principal. Coloque elementos que sejam significativos para o cliente ou relacionados ao tema, como logotipos, fotos ou itens decorativos específicos junto das suas ideias de esculturas e outros elementos com os balões.

Observe os destaques e as características únicas do local, como arcos arquitetônicos, pilares ou jardins, e inclua esses elementos no seu projeto, para aprimorar a decoração. Lembre-se sempre de considerar a iluminação do ambiente ao escolher os materiais e as cores dos balões. A iluminação pode criar efeitos incríveis e realçar a decoração.

Distribua as decorações de forma estratégica para criar "zonas de impacto" que impressionem os convidados em diferentes áreas do evento. Observe os cantos do ambiente que, se decorados, podem surpreender as expectativas do público, criando dinamismo e variedade. Porém, utilize um estilo consistente em toda a decoração, para que tudo pareça coeso e bem planejado.

A criatividade do decorador floresce em um ambiente de colaboração, não de imposição. Durante todo o processo, mantenha uma comunicação aberta com o cliente. Compartilhe rascunhos, ideias e atualizações para garantir que ambos estejam alinhados com o que está sendo criado. Concretize e expresse suas ideias com referências e croquis, evitando dúvidas e surpresas desagradáveis para o cliente no término do trabalho. Afinal, a beleza de um projeto reside na sinergia entre a visão do decorador e a satisfação do cliente.

Lembre-se de que cada evento é único e exige uma abordagem personalizada. Ao combinar as preferências do cliente com as características do ambiente, você pode criar decorações memoráveis que tornarão o evento especial e único.

SAIBA MAIS

O desfile de Ação de Graças da Macy's, loja de departamentos de Nova York, é um evento anual que ocorre durante o Dia de Ação de Graças, sempre na quarta quinta-feira de novembro. O desfile atrai muitos espectadores à Sexta Avenida todos os anos, além das milhares de pessoas que assistem ao vivo pela televisão. Ao todo, os participantes percorrem quatro quilômetros e o espetáculo inclui carros alegóricos, bandas, líderes de torcida de diversas escolas e faculdades e, claro, os balões gigantes nos formatos de personagens famosos, como o Homem-Aranha, o Mickey Mouse e a Hello Kitty. Para mais informações, você pode acessar o seguinte QRCode:

IMPORTANTE

Trabalhar com decoração oferece uma série de oportunidades além do que inicialmente podemos imaginar. Saiba que há diversas possibilidades no mercado de trabalho relacionadas direta ou indiretamente ao ofício de decorador. Para explorar outras possibilidades de atuação, você pode ver mais algumas dicas no seguinte QRCode:

ARREMATANDO AS IDEIAS

Como vimos até aqui, é importante lembrar que, no universo da decoração com balões, a busca por inovações e tecnologias é constante. Novos materiais e técnicas surgem a todo momento, permitindo que os decoradores criem estruturas cada vez mais inovadoras. Além disso, as referências temáticas e os novos formatos de eventos influenciam diretamente o trabalho dos profissionais. Desde festas infantis até casamentos sofisticados, a decoração com balões se adapta às necessidades e preferências dos clientes.

Assim, compor decorações considerando as características dos ambientes e as particularidades de cada evento é um desafio que exige criatividade e sensibilidade. A escolha das cores, tamanhos e formatos dos balões deve harmonizar com o espaço e refletir as necessidades do cliente ou proposta do evento. Esteja sempre atento às tendências e, claro, às preferências dos clientes.

CAPÍTULO 2

Criatividade e composição

A criatividade costuma ser um item importante do trabalho de decorador com balões. Então, cabe aqui pensar: como você cultiva essa criatividade? Qual pode ser o seu diferencial nesse assunto? Como você se inspira? Pense nas festas que mais marcaram a sua memória, seja as que você tenha participado como profissional ou como convidado. O que elas tinham de especial? Como você pode usar essas informações para aguçar ainda mais a sua criatividade?

Quando a criatividade na realização de um evento é um fator posto com o mesmo peso que outros elementos, podemos vislumbrar um impacto positivo nos objetivos que queremos alcançar.

A arte de decorar tem se mostrado, no decorrer das últimas décadas, um elemento capaz de transformar espaços comuns em ambientes significativos. O que veremos neste capítulo poderá lhe auxiliar a encontrar as melhores ferramentas para esse objetivo. O ponto de partida, não conseguimos fugir, será sempre um cuidadoso planejamento e boas doses de criatividade, para que o impacto nas pessoas envolvidas seja duradouro. Por isso, veremos adiante os fundamentos para a criação de um croqui de decoração.

Mas por que a criatividade se tornou um fator de suma importância quando tratamos da organização de um evento? Por que apostar na decoração se tornou também um ponto fundamental para o sucesso de uma celebração?

Inicialmente, a escolha de um tema pode ser um fator essencial para determinar todos os elementos envolvidos na decoração do evento. Um tema significativo ajudará, sem sombra de dúvidas, no sucesso da experiência dos convidados. E é aí que entra a criatividade: ao pensar na escolha do tema, já podemos exercitar a nossa criatividade a fim de proporcionar um primeiro impacto que fuja das obviedades. E, é claro, a escolha do tema deve levar em consideração o público-alvo e os interesses e expectativas de quem vai estar presente no encontro.

Com o tema em mente, a próxima etapa é pensar na proposta visual, o que nos leva para a escolha de uma paleta de cores. As cores e a sua psicologia desempenham um papel fundamental no objetivo que queremos alcançar em diversos setores da vida cotidiana. E uma paleta escolhida de forma assertiva poderá potencializar ainda mais a decoração que planejamos.

Não há limites para a criatividade. A coragem e o ímpeto de arriscar podem ser grandes aliados do sucesso. Para nos auxiliar e inspirar, traremos algumas referências que podem ser disparadoras de ideias e ajudar no desbloqueio da criatividade. Estar atualizado com novas tendências é de suma importância, mas também é essencial levar em consideração a própria intuição, que pode ser um elemento fundamental para a busca da originalidade e direcionar as escolhas criativas.

TEORIA DAS CORES

Como dito anteriormente, a decoração é uma das principais ferramentas para criar uma atmosfera envolvente e memorável, capaz de transmitir a essência e a mensagem do evento. Nesse contexto, a teoria das cores desempenha um papel fundamental na seleção das paletas de cores e na forma como elas são aplicadas. Neste capítulo, exploraremos como a teoria das cores pode ser aplicada com sucesso na decoração de eventos, tornando-os verdadeiras experiências sensoriais para os convidados.

A teoria das cores é um campo de estudo que analisa como as cores interagem entre si, influenciando nossas percepções e emoções. Ela é composta por elementos como o círculo cromático e as cores primárias, secundárias e terciárias, além das cores complementares e análogas. Compreender esses conceitos é essencial para usar as cores de maneira harmoniosa e impactante na decoração de eventos.

SAIBA MAIS

- Círculo cromático: é uma ferramenta que representa as cores que podemos enxergar. Ele é formado por 12 cores: três primárias, três secundárias e seis terciárias.

- Cores primárias: são aquelas consideradas puras, que não podem ser obtidas pela mistura de outras cores. São elas: azul, vermelho e amarelo.

- Cores secundárias: são as obtidas por meio da mistura das cores primárias. Temos o laranja (vermelho + amarelo), o verde (azul + amarelo) e o roxo (vermelho + azul).

- Cores terciárias: são as obtidas a partir da mistura de uma cor primária com uma cor secundária.

- Cores complementares: são aquelas que, dentro do círculo cromático, estão posicionadas nas extremidades opostas. Quando comparadas, elas apresentam maior contraste entre si.

- Cores análogas: são aquelas que estão próximas umas das outras dentro do círculo cromático. Cada uma das cores análogas compartilha uma mesma cor básica.

CÍRCULO CROMÁTICO

AMARELO
VERDE-AMARELO
AMARELO-LARANJA
VERDE
LARANJA
AZUL-VERDE
VERMELHO-LARANJA
AZUL
VERMELHO
AZUL-VIOLETA
VERMELHO-VIOLETA
VIOLETA

CORES PRIMÁRIAS

AMARELO
AZUL
VERMELHO

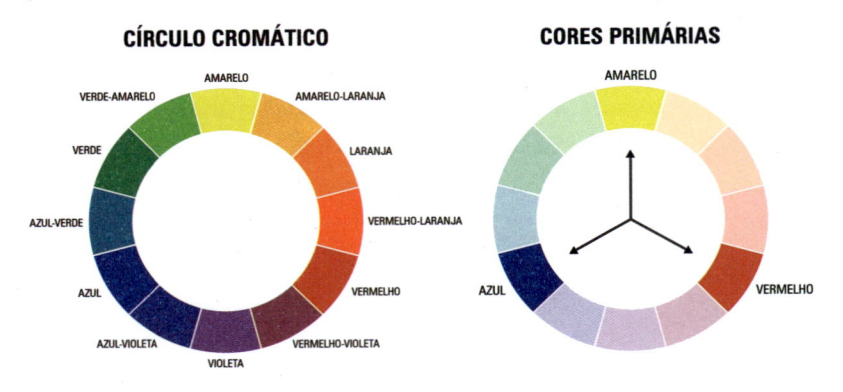

CORES SECUNDÁRIAS

VERDE
LARANJA
VIOLETA

CORES TERCIÁRIAS

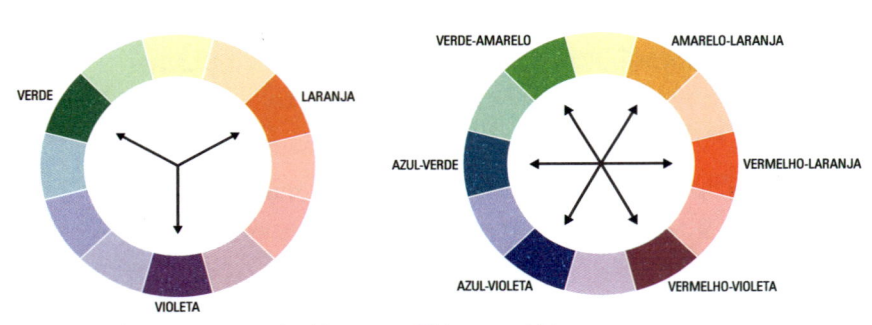

VERDE-AMARELO
AMARELO-LARANJA
AZUL-VERDE
VERMELHO-LARANJA
AZUL-VIOLETA
VERMELHO-VIOLETA

Círculo cromático e as cores primárias, secundárias e terciárias.

CORES ANÁLOGAS

CORES COMPLEMENTARES

Cores análogas e complementares.

As cores têm o poder de evocar emoções e sentimentos específicos. Por exemplo, tons quentes, como vermelho, amarelo e laranja, geralmente estão associados a sensações de energia, paixão e alegria. No entanto, cores frias, como azul, verde e violeta, tendem a transmitir calma, serenidade e harmonia. Na decoração de eventos, é importante considerar a mensagem emocional que se deseja transmitir e utilizar cores apropriadas para alcançar esse objetivo.

A arte da decoração com balões, como quase todas as artes visuais, depende muito da cor para comunicar sentimentos, atmosferas ou humores específicos. As razões para isso são mais profundas do que se poderia pensar.

Existem algumas teorias interessantes por trás da psicologia das cores. Por exemplo: vermelho é uma cor que atrai imediatamente a atenção do espectador. Os balões vermelhos são uma escolha altamente eficaz para inúmeros eventos. É a cor da ação, e é por isso que é usada em botões de emergência. É também a cor universal usada nos sinais de trânsito.

Decorações com predominância da cor vermelha.

Para o olho humano, o amarelo é uma das cores mais brilhantes. É a cor mais visível no espectro de cores, e é uma cor alegre, que exala emoção e felicidade. É a cor do sol, juventude e diversão. Amarelo também é a cor do otimismo. Quando o clima de um evento é positivo e alegre, o amarelo é uma ótima opção para balões e decoração. Ele pode ser usado em uma grande variedade de aplicações e funciona bem ao lado de outras cores, como ouro, branco e laranja. Em ambientes internos ou externos, colunas e arcos de balões amarelos criam luz, brilho e diversão.

Decorações com predominância da cor amarela.

O verde é a combinação de amarelo e azul, e é a cor das árvores e da maioria das plantas. Essa cor representa o mundo natural, a ecologia, a tranquilidade; é a cor do frescor e da fertilidade, sem a qual a terra parece sem vida e estéril. Como é a cor do meio ambiente e da sustentabilidade, é bem interessante utilizá-la em eventos que tratem desse assunto. Também pode ser usada para representar crescimento e renovação, especialmente em seus tons mais claros.

De modo geral, os balões verdes podem ser aproveitados para uma variedade de eventos que celebram o crescimento pessoal e profissional. É uma cor popular para comemorar um aniversário ou um evento ao ar livre. E como também é a cor do dinheiro e do sucesso, sua aplicação é igualmente apropriada para encontros focados em negócios ou finanças.

Decorações com predominância da cor verde.

O azul é considerado uma cor popular. E por que não seria? A terra é composta por 70% de água, e a maior parte é constituída pelo azul dos mares e oceanos do mundo. O azul é a cor da tranquilidade, serenidade e calma. As pessoas tendem a associá-lo às águas, praias, descanso e relaxamento. Um dos usos mais conhecidos para os balões azuis é a festa de aniversário de meninos; no entanto, é sempre bom perguntar para os pais (e mesmo para a criança, caso seja possível) se essa cor vai agradá-los. E os balões azuis também dão um belo destaque a qualquer cenário com água – por exemplo, um arco de balão que cria o ambiente para uma festa na piscina.

Decorações com predominância da cor azul.

Sendo uma combinação de vermelho e branco, o rosa é a cor da emoção, do romance, da diversão e da energia, mas sem a intensidade do vermelho. É uma cor divertida e jovem, que pode adicionar a sensação de brilho no salão. Celebrações como aniversários de meninas são alguns dos usos mais corriqueiros (novamente, vale sempre o aviso de conversar bem com os pais e, se possível, sobre a escolha do rosa na decoração). Os balões cor-de-rosa podem ser utilizados em arcos em forma de coração ou misturados com balões brancos, complementando a decoração da mesa ou formando o arco decorativo de um portal de entrada.

Decorações com predominância da cor rosa.

DICA

A escolha da paleta de cores é crucial para criar uma atmosfera coerente e temática em eventos. Por exemplo, em uma festa tropical, cores vibrantes como verde-limão, amarelo e azul-turquesa podem ser usadas para transmitir a sensação de estar em uma praia paradisíaca. Para um evento mais sofisticado, de caráter corporativo, uma paleta de cores neutras, como branco e tons de bege e dourado, pode ser mais apropriada.

Além de influenciar as emoções dos convidados, as cores também podem afetar a percepção do espaço. Cores claras e tonalidades suaves tendem a abrir o ambiente, fazendo com que espaços pequenos pareçam maiores e mais arejados. Por sua vez, cores escuras podem criar uma atmosfera mais íntima e aconchegante, ideal para eventos mais intimistas.

A aplicação da teoria das cores na decoração de eventos busca alcançar a harmonia entre as cores escolhidas. A combinação de cores complementares, ou seja, aquelas que estão opostas no círculo cromático, pode criar contrastes interessantes e atrativos. Já a utilização de cores análogas, que são cores adjacentes no círculo cromático, proporciona uma sensação de coesão e suavidade à decoração.

A iluminação também desempenha um papel fundamental na forma como as cores são percebidas. A luz pode alterar a tonalidade das cores e criar diferentes efeitos visuais. Por exemplo, luzes quentes podem intensificar a sensação de aconchego, e luzes frias podem realçar a sofisticação e o aspecto moderno da decoração.

A teoria das cores é uma ferramenta poderosa para criar decorações de eventos verdadeiramente cativantes e memoráveis. A seleção cuidadosa das paletas de cores, levando em conta o impacto emocional e a harmonia entre as cores, combinada com uma iluminação adequada, pode transformar qualquer evento em uma experiência sensorial única para os convidados. A aplicação eficaz da teoria das cores não só aprimora a decoração, mas também contribui para a narrativa do evento e a criação de lembranças duradouras para todos os participantes.

SAIBA MAIS

Para quem trabalha com cores, é importante entender as combinações possíveis do círculo cromático, pois isso ajudará a criar combinações esteticamente agradáveis e equilibradas.

Como explicamos anteriormente, o círculo cromático (ou roda de cores) é uma representação visual das cores organizadas em um formato circular, mostrando as relações entre elas. Ele é uma ferramenta fundamental no estudo e na aplicação da teoria das cores. Dentro desse círculo temos as cores primárias, secundárias e terciarias. Por meio desse esquema de cores, é possível criar harmoniosamente uma decoração. Vale lembrar também que as cores são separadas em alguns tipos: temos as cores complementares (cores opostas no círculo, como vermelho e verde) que, quando usadas juntas, criam um contraste forte e vibrante; as cores análogas (cores próximas no círculo com uma cor básica em comum, como azul, azul-verde e verde) que harmonizam bem juntas; e as cores tríades (três cores equidistantes no círculo, como vermelho, azul e amarelo), que formam um esquema de cores equilibrado e dinâmico.

Sugerimos a utilização da ferramenta Adobe Color para a criação das próprias paletas:

Ferramenta Adobe Color para a criação de paleta de cores (disponível em: https://color.adobe.com/pt/create/color-wheel. Acesso em: 15 jan. 2024).

QR Code para acesso ao site da Adobe Color.

DICA

No vídeo "Paleta de cores no Adobe Color", do canal Estação Aberta, é possível entender como criar uma paleta de cores usando a plataforma

Adobe Color. Por meio do vídeo, você pode acompanhar dicas de como criar paletas de cores de forma prática e rápida, elevando suas criações a um novo nível de impacto visual. Veja no QRCode a seguir:

O QUE É CRIATIVIDADE?

Criatividade é um processo complexo, que envolve a criação de novas concepções, ideias e soluções, frequentemente surgindo da fusão singular de experiências individuais, conhecimento e perspectivas. É a habilidade de quebrar barreiras, desafiando convenções e expandindo os horizontes do pensamento humano.

Todos nós somos criativos, mesmo que nem sempre nos vejamos dessa maneira. Pense em momentos nos quais você precisou encontrar soluções diferentes para os problemas do dia a dia – pode ser um novo jeito de realizar uma tarefa chata, uma maneira de memorizar algo importante, um passo de dança (mesmo que um pouco desengonçado), etc. A criatividade está no nosso cotidiano, e utilizar as próprias experiências para resolver problemas ou criar soluções novas é uma maneira de exercitá-la.

Aqui, podemos falar também da economia criativa no trabalho da decoração com balões, pois ela se destaca como um potente vetor econômico de geração de renda e inclusão social. Utilizando a criatividade como principal recurso, os decoradores transformam eventos em experiências visuais únicas, valorizando não apenas o evento em si, mas também agregando valor cultural e estético. Além de atrair uma clientela diversificada, disposta a investir em decorações exclusivas, essa abordagem inovadora cria oportunidades de emprego e capacitação em comunidades locais. Ao integrar elementos de design, arte e empreendedorismo, a decoração com balões exemplifica como a criatividade pode impulsionar negócios, promover a inclusão social e estimular o desenvolvimento econômico sustentável.

Quanto mais embasados e conceituados estivermos em relação a novas técnicas e tendências, maior será nossa capacidade de criar de forma inovadora. Manter-se atualizado é um ponto importante para deixar emergir novas ideias. Em outras palavras, nossos conceitos serão mais precisos e preciosos se forem usados em conjunto com técnicas e tendências atualizadas.

O pensamento criativo é como uma dança entre dois domínios aparentemente contrastantes: a mente consciente e a mente subconsciente. A mente consciente se dedica a analisar, avaliar e resolver problemas, e o subconsciente desencadeia os lampejos de genialidade que frequentemente nos surpreendem. Esse processo duplo é uma coreografia complexa, na qual ordem e caos coexistem, gerando ideias verdadeiramente originais.

A criatividade é como um músculo que pode ser desenvolvido e fortalecido ao longo do tempo. Estimular a criatividade demanda uma mente aberta e curiosa, disposta a explorar novos territórios e questionar o *status quo*. Expor-se a uma variedade de experiências, buscar incessantemente conhecimento e dialogar com indivíduos de diferentes origens são elementos cruciais para nutrir o potencial criativo.

Apesar de parecerem obstáculos, os contratempos frequentemente atuam como propulsores poderosos da criatividade. Quando enfrentamos desafios, nossas mentes se adaptam e buscam soluções inovadoras. São nesses momentos de pressão que a criatividade frequentemente emerge de maneira espetacular, encontrando formas engenhosas de superar obstáculos aparentemente insuperáveis.

Os momentos de fluxo criativo são como estados de graça, nos quais a mente se entrega completamente ao processo criativo. Nessas ocasiões, o tempo parece desaparecer e a pessoa imerge profundamente na atividade criativa, guiada pela intuição e pela paixão. Nutrir e reconhecer esses momentos de fluxo é crucial para aproveitar ao máximo a criatividade, que floresce quando nos aventuramos em territórios desconhecidos. É nos espaços não mapeados da mente e da experiência que novas conexões e ideias brilhantes emergem. Abraçar a incerteza e a novidade é parte essencial da jornada criativa, permitindo-nos explorar territórios inexplorados e descobrir novas fronteiras de possibilidades.

REFERÊNCIAS E INSPIRAÇÕES

Existe uma infinidade de referências para ajudar você a criar arranjos e desenhos incríveis na decoração com balões. É muito importante assistir a vídeos e consultar fontes de inspiração inovadoras para ampliar seu repertório e manter seu trabalho atualizado.

SAIBA MAIS

Procure por revistas, artigos e outros veículos de comunicação que se dediquem em retratar as novidades da decoração com balões e que possam oferecer inspirações únicas e técnicas avançadas. Busque também publicações que tenham fotos detalhadas e guias de instruções para criar diversos tipos de arranjos.

Participe de eventos, feiras e festas em que o universo dos balões seja uma parte relevante. Observar as criações ao vivo pode fornecer ideias e insights sobre como os profissionais utilizam os balões e técnicas para criar decorações diferentes e tipos de ambientes inovadores.

Uma maneira prática de aprender técnicas avançadas e obter inspiração direta de instrutores experientes é participar de oficinas e workshops. Se colocar como aluno, mesmo que você já tenha uma experiência na área, faz com que você esteja em constante processo de aprimoramento e vai lhe ajudar a criar uma rede de contatos com outros profissionais da área, ampliando as oportunidades de atuação.

Amplie o seu repertório assistindo a filmes, programas de TV e até mesmo comerciais, observando cenas de festas e eventos decorados com balões. Observar essas tendências nos mantêm atentos ao mundo contemporâneo, dialogando cada vez mais com as mudanças do mercado, e nos inspira para ter ideias frescas de temas e efeitos, deixando nossas criações mais inovadoras.

Olhe ao seu redor: muitas vezes, a inspiração está mais próxima do que se imagina. A natureza e a arte em geral podem ser fontes inesperadas de inspiração. As formas e cores encontradas na natureza, assim como obras de arte famosas, podem ser adaptadas para criar arranjos de balões únicos e visualmente impressionantes.

Esteja atento(a) às tendências de cores e estilos, não só nas festas e eventos, mas também no mundo da moda e do design de interiores. Essas tendências podem ser integradas à sua composição para garantir que a criação esteja alinhada com os gostos contemporâneos. Fique de olho, por exemplo, na "Cor do Ano Pantone", divulgada anualmente em dezembro, e utilize essa cor como inspiração.

Não podemos deixar de falar sobre o Pinterest, que é uma plataforma rica em ideias e pode ser um aliado importante na decoração com balões. Você pode encontrar uma variedade de imagens inspiradoras, tutoriais com passo a passo e até mesmo compartilhar as próprias criações e divulgar seu trabalho. Além do Pinterest, plataformas como Instagram, Facebook, YouTube e redes sociais em geral são ótimas para seguir perfis de decoradores de balões e ver suas últimas criações.

Para além do mundo virtual, é importante pesquisar sobre a história e a cultura de diferentes regiões e grupos étnicos, pois isso pode oferecer inspirações únicas para seus projetos. Abordar elementos culturais em suas decorações pode dar a elas significados mais profundos e únicos.

Por fim, não tenha medo de experimentar e explorar a própria criatividade. Às vezes, as melhores inspirações vêm de dentro de você, à medida que experimenta diferentes combinações de cores, formas e técnicas.

Lembre-se de que a inspiração pode vir de qualquer lugar, então mantenha os olhos abertos e permita que as ideias fluam livremente à medida que você se envolve no emocionante mundo da decoração com balões.

PLANEJAMENTO, ELABORAÇÃO DE CROQUI[2] E PROPOSTA DE DECORAÇÃO

Planejar a decoração com balões abrange várias etapas cruciais, desde a concepção da ideia até a criação do croqui, elaboração da proposta e definição do plano de execução. Vamos abordar os passos principais que você pode seguir para alcançar um projeto excelente, alinhando-se aos pontos essenciais já apontados neste livro.

Antes de começar, defina com o cliente qual será o tema e o estilo da decoração na festa, evento ou ocasião específica, como um aniversário, casamento, chá de bebê, entre outros.

Realize um exercício de *brainstorming*,[3] caso trabalhe em equipe: faça um levantamento de ideias entre todos, gerando um repertório vasto de possibilidades e com muita criatividade, explorando tanto referências clássicas quanto as improváveis. Sinta-se completamente à vontade durante essa etapa. Como falamos, busque inspiração na internet, em revistas e até nas redes sociais. Anote tudo que chamar a sua atenção.

Decida quais tipos de balões você usará na decoração. Isso pode incluir balões de látex, balões metalizados, balões transparentes com confetes, entre outros. Lembre-se de considerar diferentes tamanhos e formas, para criar variedade.

No croqui, que será a base para montar as estruturas, pense em quais técnicas você vai utilizar. Planeje os arcos, colunas, painéis e guirlandas seguindo as cores e o estilo definidos anteriormente com o cliente. Nesse momento, projetamos os desenhos e cenários que vão compor a nossa arte. É no croqui que conseguimos calcular a quantidade e cores de balões necessárias.

---

2 Um croqui é uma representação gráfica rápida e esboçada de um objeto, espaço ou ideia. Ele permite transmitir visualmente uma ideia ou conceito de forma rápida e eficiente. O termo "croqui" tem origem no francês "croquis", que significa "esboço" ou "rascunho".

3 Brainstorming, também conhecido como "tempestade de ideias", é um método criativo de resolução de problemas que envolve a geração de novas ideias ou o desenvolvimento de ideias existentes. A técnica foi inventada por Alex Osborn e incentiva a busca por soluções criativas e eficientes para um determinado problema. Durante uma sessão de brainstorming, o foco está na quantidade e variedade de ideias, incluindo aquelas que podem parecer fora do comum ou "fora da caixa".

Dedique atenção aos detalhes e acabamentos, pois eles são elementos essenciais. Aprimore os arranjos, incorporando fitas, laços, flores e outros elementos decorativos que estejam em harmonia com o tema e estilo selecionados. É nessa fase que a criatividade desempenha um papel crucial, podendo fazer toda a diferença no resultado do seu trabalho.

Atente-se também ao orçamento e aos materiais e calcule os custos de tudo que será necessário, como os balões, o gás hélio, as fitas, estruturas, entre outros. Certifique-se de que o orçamento esteja alinhado com a proposta de decoração e dentro das possibilidades de cada cliente.

A sua proposta deve incluir uma descrição detalhada da decoração, o tema escolhido, as cores, os tipos de balões a serem utilizados, a disposição das estruturas no espaço e quaisquer outros detalhes relevantes. É importante ilustrar bem a sua proposta: crie um desenho, busque na internet possibilidades de desenvolver essa ilustração e apps que calculem a quantidade de balão que você vai precisar para o projeto. Além disso, inclua na apresentação imagens e referências que ajudem a visualizar a proposta da decoração.

Tabela 2.1 – Modelo de orçamento para decoração com balões

	Etapas do orçamento
1. Consulta com o cliente	· Tipo de evento: aniversário. · Definição do tema, cores e tamanho do espaço. · Estilo da decoração: arco com balões, painel, colunas e balões no formato de bichos. · Acordo sobre o orçamento total disponível.
2. Planejamento e design	· Elaboração do layout e escolha de materiais. · Quantidade de balões.
3. Compra de materiais	· Listagem e aquisição dos balões e outros itens necessários.
4. Execução da decoração	· Montagem e instalação no local do evento. · Organização dos itens locados. · Enchimento dos balões.
5. Desmontagem	· Retirada da decoração e limpeza do local.

(cont.)

Materiais e quantidades estimadas			
Item	Quantidade	Custo unitário (R$)	Custo total (R$)
Balões grandes (12")	200	0,80	160,00
Balões médios (9")	300	0,60	180,00
Balões pequenos (5")	150	0,40	60,00
Estrutura metálica	1	150,00	150,00
Cola para balões	2 tubos	10,00	20,00
Fita para amarração	3 rolos	5,00	15,00
Decorações adicionais (animais de balão)	20 figuras	8,00	160,00
Painel temático	1 unidade	250,00	250,00
Iluminação decorativa	5 pontos	50,00	250,00

Total de materiais: R$ 1.245,00

Serviços	
Serviço	Custo (R$)
Planejamento e design	200,00
Mão de obra (montagem)	400,00
Transporte dos materiais	100,00
Desmontagem e limpeza	150,00

Total de serviços: R$ 850,00

Resumo geral	
Categoria	Custo total (R$)
Materiais	1.245,00
Serviços	850,00

Custo total do projeto: R$ 2.095,00

Observações finais

Os valores estimados são ilustrativos e podem variar em função de fornecedores, região e época do ano em que será realizado o evento.

Ao solicitar a aprovação do seu projeto pelo cliente ou pela pessoa responsável pelo evento, explique cada elemento e os motivos por trás das escolhas feitas e esteja aberto a receber feedbacks e fazer ajustes conforme necessário.

Lembre-se de que a prática desempenha um papel importante na elaboração das decorações: quanto mais você praticar e experimentar o que planeja, mais habilidoso(a) se tornará na criação de arranjos e na elaboração de propostas atraentes.

DICA

Hoje em dia, com o avanço da tecnologia, o croqui pode ser criado em tempo real com o auxílio da inteligência artificial. Assim, é possível apresentar para o cliente diversas possibilidades de escolha. Sugerimos o uso das seguintes ferramentas: SeaArt AI, Canva, DALL-E e Copilot.

ARREMATANDO AS IDEIAS

Tenha em mente que, no universo da decoração com balões, a combinação de teoria das cores, criatividade, planejamento, elaboração de croqui e proposta comercial são essenciais para auxiliar o planejamento da criação decorativa.

Como vimos até aqui, a teoria das cores é uma ferramenta poderosa para decoradores, pois combina criatividade e ciência, definindo diretrizes fundamentais para a escolha e harmonia das cores. Além disso, a decoração com balões permite explorar muito a nossa criatividade, então, crie formas, padrões e composições que fujam do convencional e acrescentem personalidade ao seu projeto.

Antes de começar a decorar, faça um planejamento detalhado. Considere o espaço, o tema do evento e as preferências do cliente. Também é importante desenhar um croqui da decoração, pois isso ajuda a visualizar o resultado e fazer ajustes.

Lembre-se sempre de adaptar sua abordagem às necessidades específicas de cada cliente e ambiente. Você está no caminho!

CAPÍTULO 3

Técnicas para o trabalho com balões

Nesta etapa de nossa jornada, podemos nos fazer as seguintes questões: qual é a importância de escolher os balões certos para a decoração? Quais são os principais desafios ao inflar balões manualmente? Como garantir que os balões estejam bem fixados e não escapem durante a decoração? Quais são as melhores práticas para medir a quantidade de gás ou ar em cada balão? Quais alternativas criativas existem para amarrar os balões além dos nós tradicionais? É importante planejar todo o caminho, para que seja possível até mesmo mudar algo durante o processo, se for necessário.

Além das etapas mais práticas, devemos pensar no nosso bem-estar e lembrar das vantagens de um bom alongamento antes da montagem da decoração. O cuidado consigo mesmo também faz parte do trabalho, afinal, sem saúde, você não terá nem pique nem criatividade para trazer suas ideias à vida.

Neste capítulo, esperamos trazer reflexões sobre os detalhes importantes na preparação e execução da decoração com balões.

AQUECER E ALONGAR PARA REALIZAR TRABALHOS MANUAIS

Antes de executar trabalhos manuais, e principalmente trabalhos que preveem movimentos repetitivos, é fundamental realizar aquecimentos e alongamentos para preparar o nosso principal instrumento de trabalho: o corpo.

Precisamos nos conscientizar disso para ter um ofício saudável e que não nos prejudique ao longo do tempo com lesões e desconforto ao final do trabalho. Assim, também aumentaremos a nossa flexibilidade, trazendo muitos benefícios para a saúde.

O **aquecimento** é a preparação para nossa atividade, portanto, é realizado antes de começarmos a prática do trabalho. O objetivo é aumentar gradativamente a nossa intensidade, ampliando a nossa temperatura física e muscular, colocando aumento do nosso desempenho, ajudando na coordenação motora e prevenindo dores corporais por decorrência dos movimentos.

O **alongamento** está ligado diretamente a nossa flexibilidade corporal: quanto maior for o alongamento do seu músculo, melhor será seu movimento corporal, o que ajudará a desenvolver trabalhos mais complexos e desafiadores, trazendo agilidade e elasticidade, evitando cãibras e prevenindo lesões e dores.

DICAS

- Exercícios estimulam o cérebro a liberar serotonina, hormônio do bem-estar.

- Além de fazer um aquecimento geral do corpo, procure fazer um aquecimento e alongamento específicos pensando nas articulações de dedos, mãos, braços, punho e na coluna, cuidando da postura.

- Alongue-se de maneira energética antes do trabalho e, ao final, alongue-se de maneira mais leve.

- **Renove sempre o seu estoque de vitamina D. Qualquer dúvida a esse respeito, consulte um médico.**

Cuide da sua postura no momento do trabalho; se for passar muito tempo sentado, enchendo e amarrando os balões, procure uma cadeira em que você apoie inteiramente os pés e com encosto para sua lombar. Se for possível, garanta também apoio para os cotovelos.

Exemplos de exercícios e movimentos para lhe ajudar nesse momento:

Figura 3.1 – Exercícios básicos de alongamento

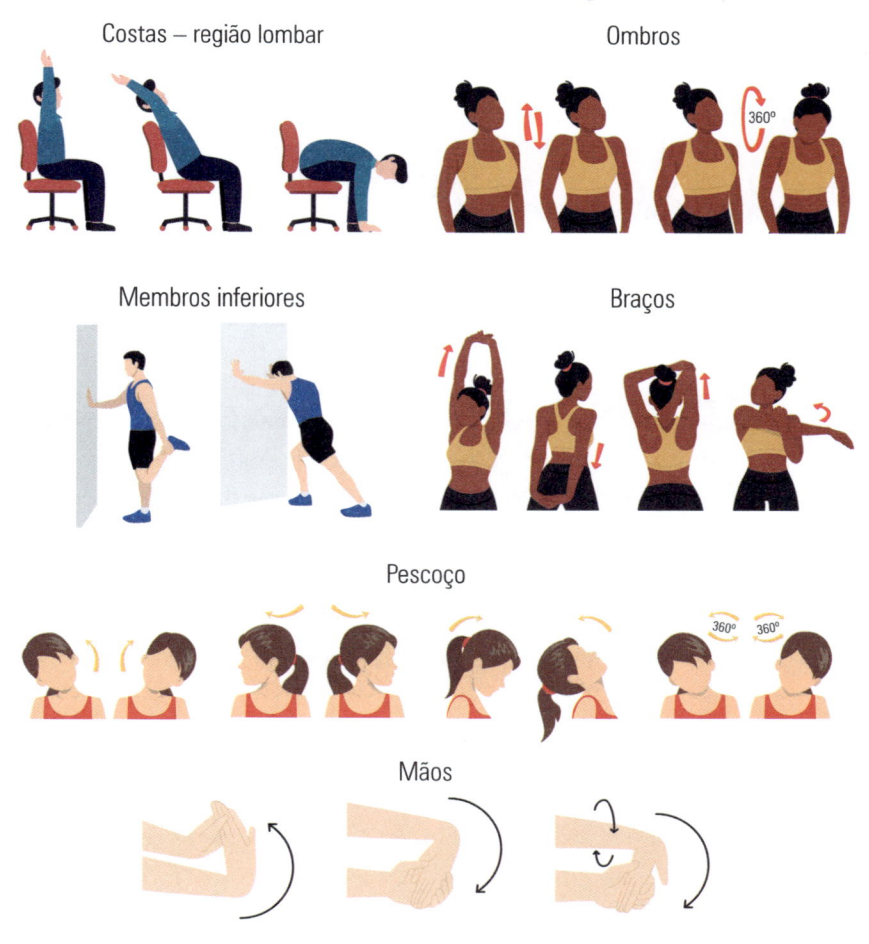

Costas – região lombar

Ombros

Membros inferiores

Braços

Pescoço

Mãos

DICA

Cada corpo tem limitações específicas, portanto, esses exercícios devem ser feitos de forma leve, respeitando as características individuais e gradativamente adequando à sua capacidade.

MATERIAIS, MODELOS E TIPOS DE BALÕES

No planejamento das decorações devemos escolher quais materiais dialogam com o tema, com os efeitos desejados, com as preferências do cliente e com o tipo de decoração pretendida. Para isso, você pode contar com diversos materiais, modelos e tipos de balões disponíveis no mercado.

Lembre-se de que a combinação de diferentes tipos, modelos e materiais de balões pode criar efeitos visuais incríveis e únicos. Experimentar e conhecer bem os diferentes tipos de balões permitirá que você crie decorações personalizadas e impressionantes.

- **Balões de látex:** são os mais comuns, feitos de borracha natural, e podem ser biodegradáveis. São inflados com ar ou hélio e estão disponíveis em uma ampla variedade de cores e tamanhos que representam o diâmetro deles; cada polegada tem a sua função em uma decoração. Podemos achar esses balões também pelo nome de "balões standard"; na maioria das vezes, utilizamos os de 11", mas encontramos em outros tamanhos: balões zerinho, 5", 6" 7", 8", 9" e 10". São muito utilizados também os de 25" e 36", os balões de látex gigantes, que proporcionam um impacto visual diferente, usados para detalhes maiores em arcos orgânicos e para fazer a cabeça de personagens.

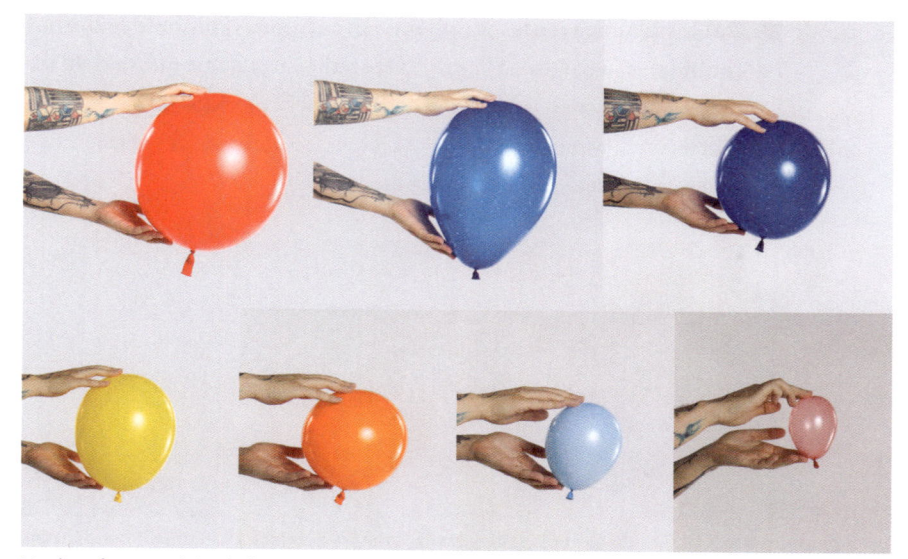

Você pode usar vários balões de tamanhos diferentes para suas decorações.

- **Balões metalizados (metálicos) ou cromados (foil):** feitos de material metalizado (poliéster revestido com alumínio). Mantêm sua forma por mais tempo e podem ser inflados com hélio. Existem diversas formas, tamanhos e designs, como estrelas, corações, letras, números e uma variedade de outros desenhos, podendo até ser personalizados com o formato desejado para a decoração.

Balões metalizados dão um toque diferente à sua decoração.

TÉCNICAS PARA O TRABALHO COM BALÕES

- **Balões transparentes**, também conhecidos como **balões bolhas (bubble):** são balões de látex transparente ou silicone que podem ser preenchidos com confetes, pequenos balões coloridos inflados, mensagens ou compor com outros objetos decorativos. São resistentes e mantêm a forma por muito tempo.

Você pode usar a criatividade com os balões transparentes e deixar a decoração ainda mais personalizada.

- **Balões e bolas de vinil:** semelhantes aos balões de látex, são mais resistentes e duráveis. São as bolas encontradas em prendas de festa junina. Na decoração, frequentemente são usados nos ambientes exteriores.

- **Balões duas pontas ou link-o-loon:** são balões que possuem extremidades que podem ser amarradas a outros balões, facilitando sua junção e permitindo criar decorações complexas.

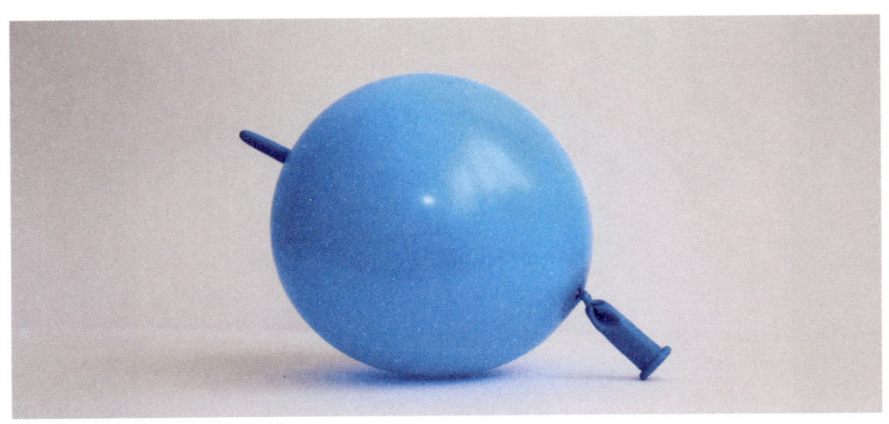

Os balões duas pontas ajudam a criar decorações mais complexas.

DICA

Você pode criar esse efeito de amarração em uma das extremidades do balão com um grão de feijão encaixado por dentro do balão; isso cria um outro ponto de amarração além da boca do balão.

- **Balões impressos:** podem ser personalizados com mensagens, logotipos ou desenhos específicos. Existem muitas empresas que realizam esse trabalho, permitindo que o decorador planeje características e desenhos específicos para seu cliente e para o tema do evento.

Outra dica para personalizar a decoração é utilizar balões com desenhos, mensagens, logotipos, etc.

- **Balões palito ou canudo:** seus nomes verdadeiros são balões 160, 260, 350 e 640. Esses números estão relacionados ao tamanho do balão em polegadas. Por exemplo, o balão 260, quando inflado, terá o tamanho de 2" de largura com 60" de comprimento; em centímetros, isso seria o tamanho aproximado de quase 5 cm de largura com 152 cm de comprimento. Basicamente, utilizamos os balões canudos para a escultura de diversas formas, para realizar detalhes e acabamentos e para auxiliar nas amarrações de balões ou de arcos nas paredes do espaço em que acontecerá o evento.

Os balões palito são velhos conhecidos das festas infantis, por serem utilizados em esculturas de animais, mas também são bastante usados em decorações diversas.

- **Balões em formatos diferentes (shapes):** esses balões muitas vezes são personalizados para ajudar a compor ainda mais nossa decoração temática, podendo utilizar os seus formatos na composição de personagens e decorações diferenciadas. Encontramos balões em formato de coração, de donuts (com um furo no meio), de espiral, de orelha de rato ou Mickey e muitos outros.

Balões com formatos diferentes podem ser uma opção divertida para suas decorações.

Com relação às marcas, vale testar as disponíveis na sua região para encontrar a melhor opção para cada finalidade.

TÉCNICAS DE TORÇÃO E AMARRAÇÃO: DUPLET, CLUSTER E TOPIARIA

Vamos falar agora dos conjuntos e das técnicas básicas de torções, tópico muito importante dentro do nosso trabalho e que precisamos treinar com paciência e dedicação. Nesse treinamento, teremos muitos balões estourados, mas não se preocupe, faz parte do aprendizado.

DICA

Antes de inflar, com cuidado, estique o balão vazio várias vezes, para garantir mais elasticidade e maciez no material, e manipule o balão sempre longe dos olhos.

Na amarração básica de todos os balões de látex que inflamos a partir dos infladores comuns, você deve deixar uma folga na parte próximo ao bocal para conseguir esticar essa parte sem o ar e dar uma volta sobre dois dedos; depois, passe o bocal do balão no meio dos dois dedos e puxe para fora; em seguida, tire os dedos sem puxar o bocal do balão, realizando um nó nessa parte inferior do balão.

Você pode usar o inflador manual ou elétrico; no momento de amarrar o balão, siga o passo a passo.

As torções básicas que vamos utilizar para montar praticamente todas as esculturas são: torções simples, para fazer gomos de vários tamanhos; torções de bloqueio, para travar e fixar os gomos no lugar correto; torção "orelha de urso", também conhecida como "beliscão", feita em um gomo pequeno; torção "laço", que cria uma alça que podemos fixar ou utilizar para circular outros balões, e torção "tulipa", embutindo o nó dentro do balão.

Torção simples

Use um balão inflado e já amarrado. Segure o balão com sua mão não dominante (se for destro, use a esquerda; se for canhoto, a direita); com a mão dominante, faça uma torção, girando o balão várias vezes para o mesmo sentido, como se fechasse um registro. O resultado é o que chamaremos de "gomo". Continue segurando as duas partes torcidas com a mão, para que o balão não volte ao formato normal, anterior à torção.

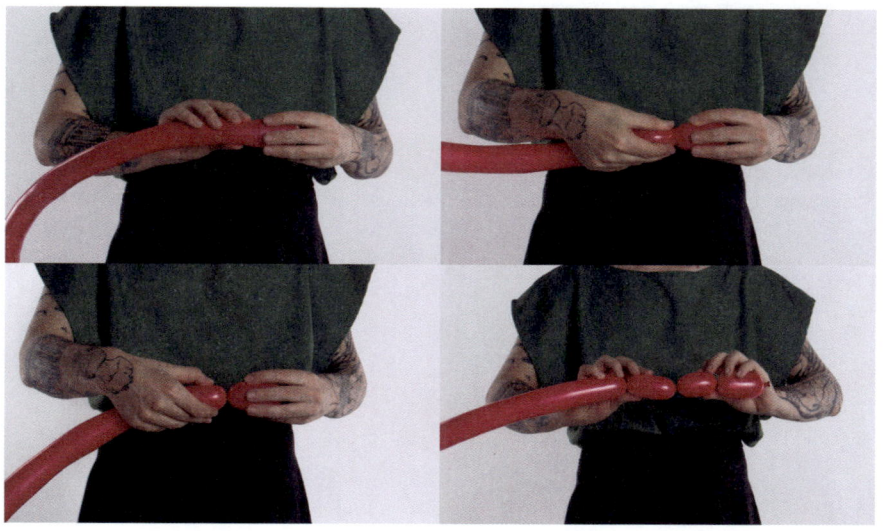

Siga o passo a passo para fazer a torção simples, bastante utilizada em esculturas de balão.

Torção de bloqueio

Com essa torção, vamos fixar os gomos no lugar, sem deixar que se destorçam, para criar nossas esculturas. Depois de feitos os gomos nas medidas necessárias com a torção simples, gire-os entre eles para fixar e continuar sua figura.

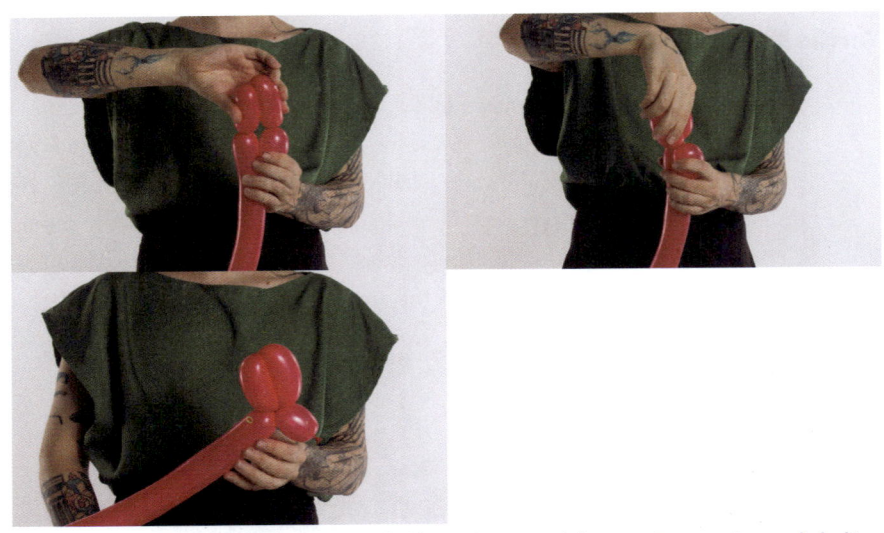

Siga o passo a passo para fazer a torção de bloqueio, essencial em muitas esculturas de balão.

Torção orelha de urso (ou beliscão)

Nessa torção, criaremos um gomo com o formato de uma orelha pequena, que podemos usar para fazer olhos, pata e outras partes que você pode imaginar. Dobrando o gomo sobre ele mesmo, em C, faça uma torção (beliscão) dando várias voltas para fixar no lugar.

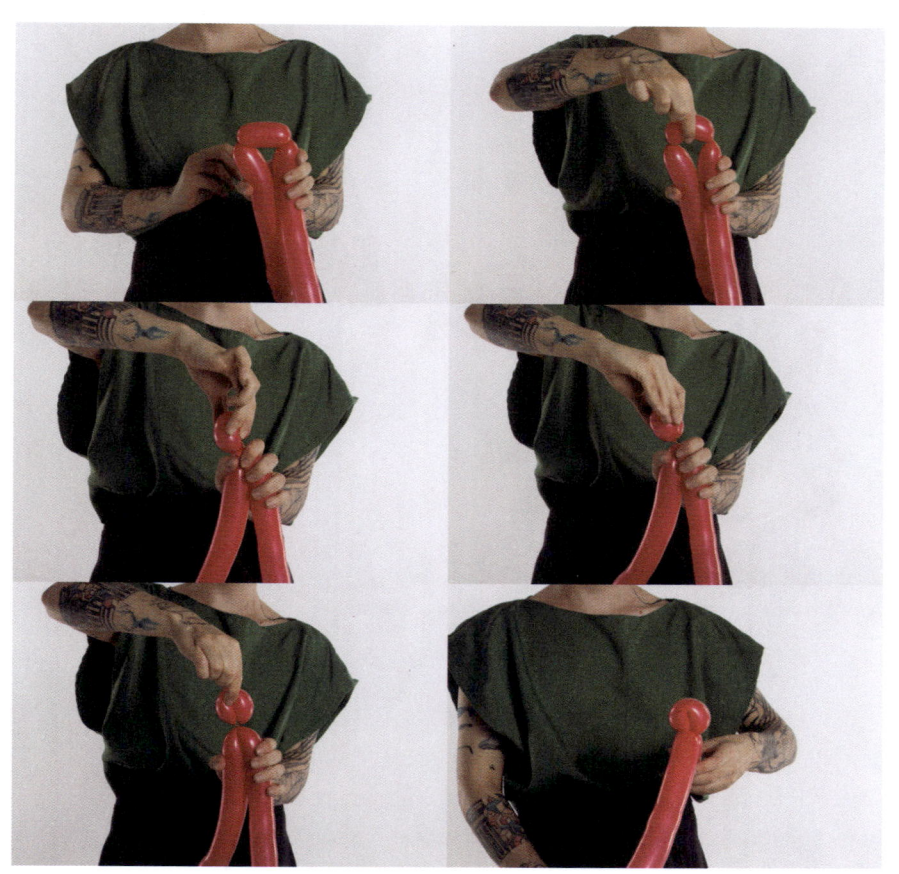

A torção orelha de urso ou beliscão é bastante útil para as esculturas de balão.

Torção laço

É um modo básico para obter o formato circular no balão tipo canudo. Realizando uma torção simples, faça um gomo grande, dobre-o e fixe, formando um grande arco. Podemos usar para fazer orelhas grandes ou asas, por exemplo.

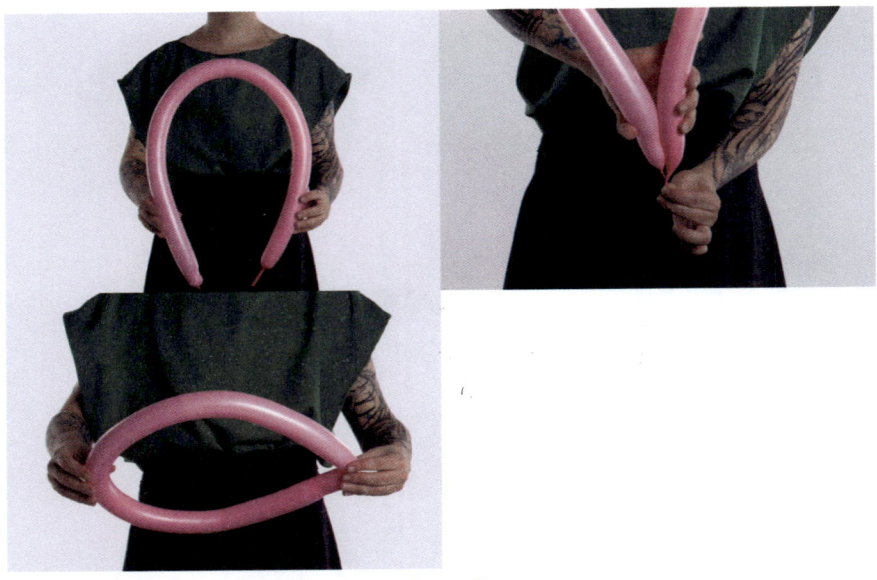

A torção laço tem várias aplicações em esculturas diversas.

Torção tulipa

Para essa torção, vamos embutir o nó do balão por dentro dele, criando um formato de miolo de flor. Segure o balão e, com o indicador, pressione a parte do nó para dentro do balão. Em seguida, faça uma torção simples, criando um gomo e prendendo a parte do nó junto. Retire o dedo com cuidado, para não estourar, e torça o gomo várias vezes, para fixar no lugar. Vamos usar essa técnica para realizar a maçã com balões redondos mais adiante neste livro.

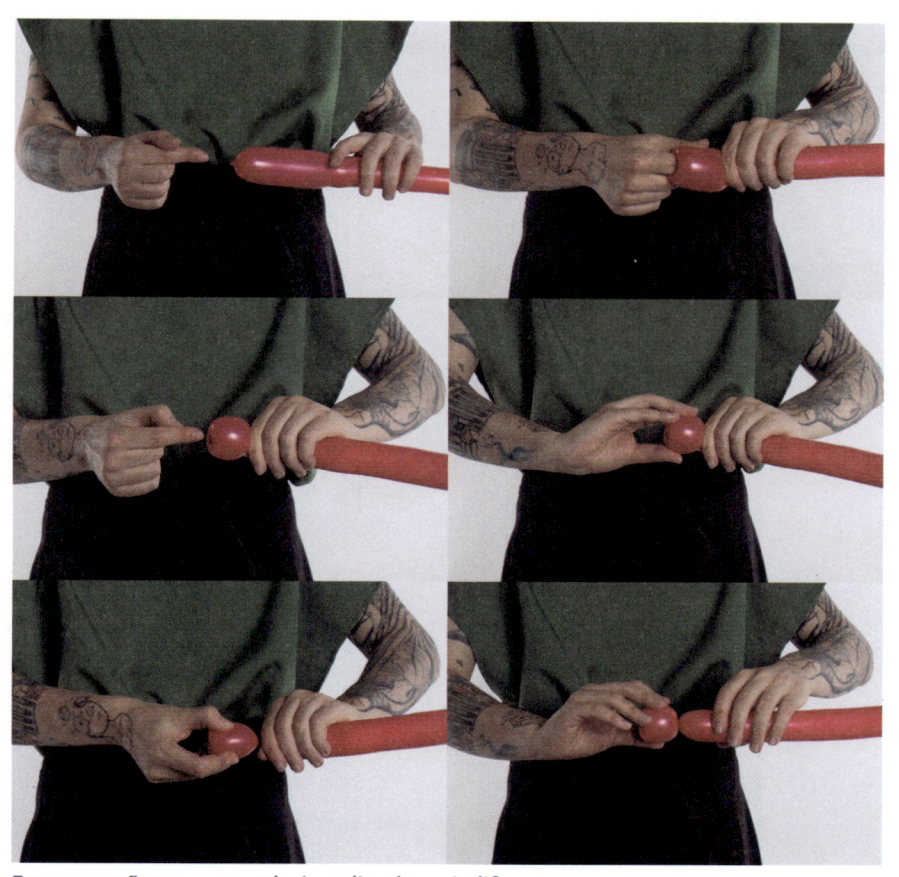

Entre as torções comuns, a técnica tulipa é a mais diferente.

Nomenclaturas para a junção de balões

- **Duplet** é a expressão usada para identificar a junção de uma dupla de balões.

DICA

Antes de fechar o nó, dê duas voltas com um dos bicos da bexiga: isso garante que elas fiquem mais unidas.

- **Cluster** é como chamamos a junção de três ou mais balões. Em toda decoração de arte com balões vamos usar essa técnica de agrupamento.

- **Técnica do cluster com balões menores:** Torcendo um balão 11" ao meio, ele vai formar um duplet com uma dimensão menor; juntando com outro balão, teremos um cluster pequeno.

- **Topiaria** é o conjunto de seis duplas de balões. Unindo essas duplas, podemos observar uma flor topiaria. Para se certificar de que o arranjo está correto, você deve virar o conjunto e ver o mesmo desenho da flor de todos os ângulos. Podemos utilizar esse arranjo para compor arcos e estruturas.

Arranjo de festa com a topiaria (flor rosa) em destaque.

DICA

Para utilizar essa montagem como uma flor, basta que uma dessas duplas tenha uma cor diferente das outras duas; assim, ela vai se destacar como o miolo da flor, como vemos na foto anterior.

Como prender nossa decoração na parede dos ambientes?

Existem três técnicas pelas quais podemos optar, e o que vai determinar qual deve ser usada é o ambiente. Podemos criar pontos ou ganchos de amarração, fixados na parede com fita adesiva e um fio, que pode ser nylon, barbante ou um balão palito vazio.

DICA

Reserve os balões palito furados para as técnicas de amarrações.

É importante fixar bem a guirlanda de balões na parede quando for prendê-la, para que a sua decoração não fique bamba ou frouxa.

Centralize corretamente o seu arco e sua guirlanda, antes de fixar os pontos. Para facilitar nessa precisão, comece amarrando pelo meio da sua estrutura e, depois, amarre as pontas.

INFLAR BALÕES COM OU SEM GÁS HÉLIO E INFLADORES MANUAIS E ELÉTRICOS

Inflar balões é a parte inicial da prática do nosso trabalho. Por isso, vamos tratar agora dos métodos para inflar balões com ou sem o uso de gás hélio, bem como das principais informações sobre infladores manuais e elétricos.

Para iniciar, esteja em um lugar amplo, pois os balões inflados ocupam um grande espaço. Estique o balão vazio várias vezes, para facilitar o enchimento.

Os balões são formados por poros, como a nossa pele, que se dilatam quando inflamos; por isso, ao inflar e desinflar um balão, percebemos uma mudança considerável de seu tamanho original.

O balão deve ser inflado com ar, respeitando o limite de no máximo 90% de seu tamanho original, por exemplo: balão de 5", inflar no máximo a 4". O ideal é sempre trabalhar na margem de 70% até 90% para nunca atingir o limite do balão.

O ideal é não encher totalmente o balão; encha-o até cerca de 90% da capacidade.

Para inflar balões com gás hélio, você precisará de um cilindro contendo o gás, que pode ser comprado ou alugado. Recomendamos o aluguel desse equipamento para encher uma quantidade grande de balões, pois os cilindros que encontramos para venda, na maioria das vezes, são pequenos, com pouca quantidade de gás e descartáveis. O cilindro é bem simples de usar e manipular: conecte o gargalo do balão no bico do cilindro e abra a válvula para permitir que o hélio entre no balão.

Para inflar balões sem gás hélio (ou seja, com ar) utilizamos os **infladores manuais**, ou **bombinhas de ar**, como são conhecidos popularmente. Trata-se de um dispositivo simples que você pode usar para encher balões manualmente.

Temos também os **infladores elétricos**, uma ferramenta mais eficiente, que acelera o processo de inflar balões com ar. Utilize sempre o inflador recomendado para o tipo e tamanho do seu balão, pois, se a velocidade não for adequada, você não vai conseguir evitar estouros. Alguns infladores elétricos têm ajustes de velocidade, portanto comece com uma velocidade mais baixa e ajuste conforme necessário.

Da esquerda para a direita: cilindro de gás hélio, inflador manual e inflador elétrico.

DICA

Ao inflar balões com ar, deixe um pouco de espaço para a expansão natural do ar quente. Isso é especialmente importante se os balões são usados ao ar livre ou em ambientes com temperatura alta.

Segurança

Sempre siga as instruções do fabricante do inflador e do cilindro de gás hélio. Mantenha os balões inflados longe do rosto e dos olhos, para evitar ferimentos em caso de estouro. Ao inflar balões com gás hélio, tenha cuidado para não inalar o gás.

Inflar balões requer prática para obter o tamanho e a pressão adequada das bombas. Pratique antes de um evento, para se familiarizar com o processo dos equipamentos e garantir que sua decoração seja um sucesso.

O equipamento é, em geral, bastante seguro, mas você deve ter atenção ao manusear o cilindro, para evitar fuga de gás, possíveis explosões ou mesmo quedas durante o uso e o deslocamento de todo o material.

DICA

Preocupe-se em medir corretamente seus balões, para obter um trabalho homogêneo. Antes de começar a inflar, verifique se tem balões suficientes para a realização de todo o trabalho.

MEDIDA DOS BALÕES E A DISTRIBUIÇÃO DO AR

As medidas dos balões e a distribuição do ar podem variar, dependendo do tipo de balão, do tamanho desejado e do efeito que você pretende criar na decoração. Em cada planejamento, seja de painéis, arcos ou esculturas, teremos a medida correta de balões de que vamos precisar.

Depois das medidas escolhidas, é hora de inflar os balões, com cuidado para não ultrapassar o seu limite. Antes de amarrá-lo, passe o balão pelo diâmetro planejado, fazendo com que ele esvazie e chegue na medida correta; rapidamente, segure o gargalo do balão, para que o ar não escape e não diminua de tamanho até você finalizá-lo com o nó.

- Balões de látex (11"):
  - Diâmetro quando inflado: aproximadamente 27,9 cm.
  - Volume de ar: cerca de 0,014 metros cúbicos.
- Balões de látex gigantes (36"):
  - Diâmetro quando inflado: aproximadamente 91,4 cm.
  - Volume de ar: cerca de 0,380 metros cúbicos.

- Balões metalizados:
    - As medidas variam de acordo com o tipo e design do balão; fique atento às instruções do fabricante.

DICA

Para arcos e colunas, é comum o uso dos balões de látex de 11", que mantêm uma distribuição de ar consistente para criar uma aparência uniforme. É possível também utilizar balões de diferentes polegadas para os arcos desconstruídos.

Em balões com formatos específicos, as medidas variam de acordo com o design e a fonte. Geralmente, são usados balões metalizados (metálicos) para criar números e letras, e os tamanhos variam de 16" a 40" de altura.

Os balões bubble geralmente são encontrados em tamanhos de 20" a 24", mas também existem outras medidas no mercado, então, você pode fazer a escolha conforme a decoração pretendida.

Como exercício e aprendizagem, recomendamos que você faça uma escultura com medidas diferentes, a escultura da "nuvem", muito utilizada em vários temas de festas e eventos, para entender a importância do planejamento no tamanho de cada balão.

Escultura de balões "nuvem"

Você vai precisar de:

- 22 balões redondos inflados em diferentes tamanhos.
- Infladores.
- Fio de nylon.

- Tesoura.

- Medidor de balões.

Monte cinco clusters, um com balões de 8", dois com balões de 7" e mais dois com balões de 6". Além deles, tenha também dois balões inflados a 5" (use o medidor para saber o tamanho exato dos balões). Junte os conjuntos utilizando a linha de nylon, começando por um dos balões menores, que vai ficar em uma das pontas. Agrupe os balões de forma que o cluster com os maiores balões fique no centro, e, de cada lado, disponha os clusters em ordem decrescente.

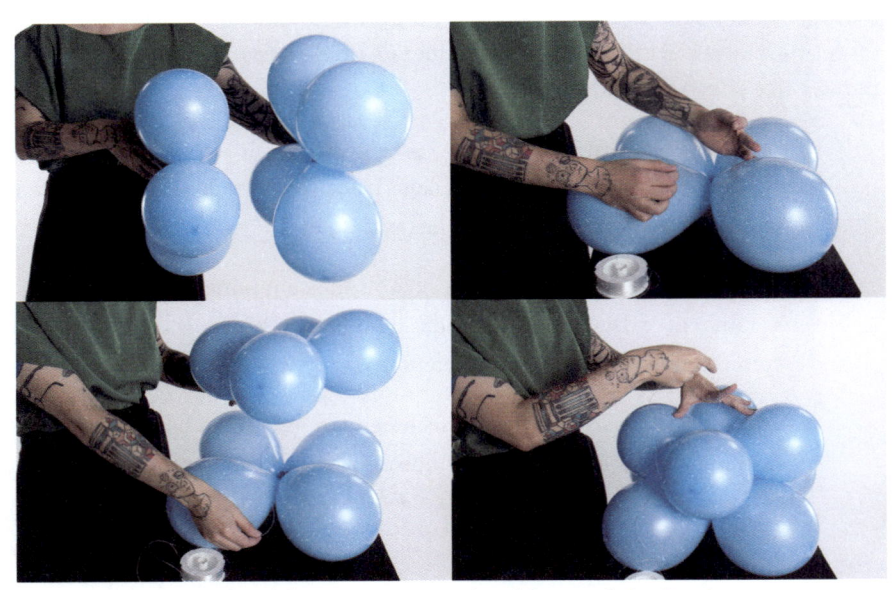

Faça clusters de tamanhos diferentes e comece a juntá-los com linha de nylon.

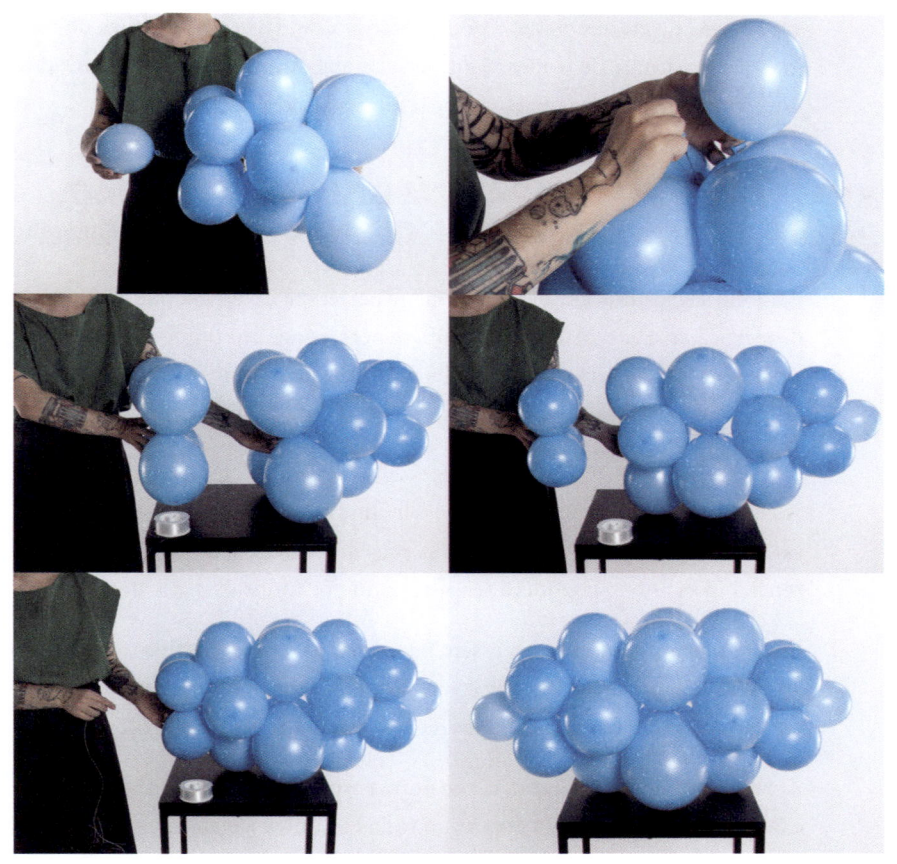

Agrupe os balões de forma que os maiores fiquem ao centro e vá adicionando os clusters em ordem decrescente. Comece pelo centro e faça um lado por vez. Lembre-se de colocar os balões menores nas pontas.

DICA

Anexando balões menores nessa escultura, você vai criar nuvens de estilo orgânico.

A distribuição adequada de ar é essencial para garantir que seus balões tenham a aparência e a durabilidade desejadas. Lembrando que essas medidas são apenas diretrizes gerais e podem variar com base nos padrões de cada marca e fabricante de balões. Sempre verifique as instruções do balão e pratique com antecedência para alcançar os resultados desejados.

REALIZAR ESCULTURAS EM BALÕES: CORAÇÃO, POLVO, BORBOLETA, CACHORRO, FLOR E MAÇÃ

Elaborar esculturas em balões é uma experiência divertida que não apenas desperta sua criatividade, mas também acrescenta um toque singular à sua decoração. Nessa seção do livro, altamente prática, vamos explorar a importância das esculturas feitas predominantemente com balões do tipo canudo ou palito, nas variações 160 e 260.

Ao dominar as técnicas envolvidas e incluir as esculturas em seus projetos, você entrega uma dimensão única às suas decorações e desenvolve um diferencial marcante que poderá ser apreciado por todos os presentes.

Essa é, portanto, uma etapa essencial no seu percurso criativo, em que são apresentadas as ferramentas e os conhecimentos necessários para aprimorar suas criações com os detalhes da arte das esculturas em balões.

Apresentaremos aqui algumas esculturas específicas que abordam as técnicas que utilizaremos nas etapas de todas as outras esculturas em balões. Passaremos por dobras, torções de tamanhos variados, curvaturas, junções e técnicas de nós, para que você se arrisque criando outras esculturas, personagens e formas originais que combinem com a sua decoração.

Selecionamos esculturas que oferecem a flexibilidade de compor em diversos temas, como fundo do mar, animais, fazendinha, ocasiões românticas e jardim. Além disso, você poderá utilizar essas técnicas para compor em outros temas, aperfeiçoando suas habilidades.

Assim, você terá uma base sólida para explorar a criatividade e criar decorações verdadeiramente únicas e personalizadas. A partir dessas esculturas básicas, você estará pronto para embarcar em um mundo de possibilidades.

DICA

Separe alguns balões palito de diferentes cores, um inflador manual para encher os balões e tenha um pouco de paciência.

Instruções básicas para cada escultura

Coração

Materiais

- 1 balão palito.
- Inflador manual.

Formaremos o contorno de um coração.

Infle o balão palito quase por completo, deixando apenas uma pequena ponta vazia, para possibilitar a amarração, e dê o nó no balão, para impedir a saída do ar.

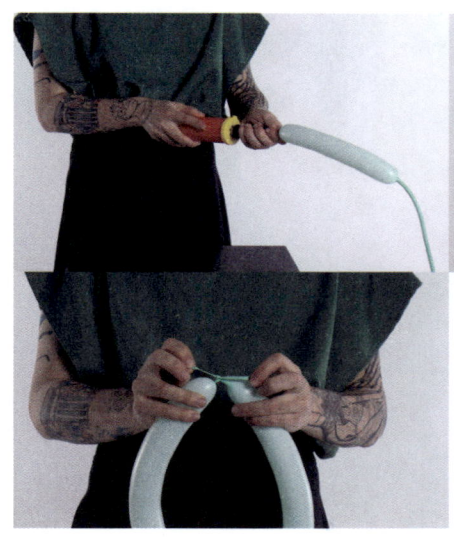

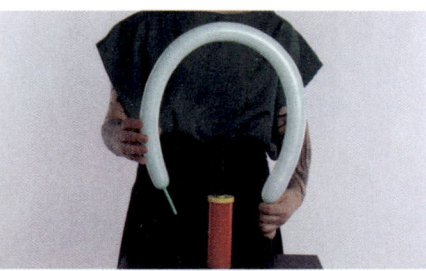

Localize o centro do arco, na extremidade oposta ao nó. É precisamente nesse ponto que faremos a curva correspondente à parte superior do coração.

Segurando o balão com ambas as mãos e faça uma pressão suave no ponto central que já foi marcado, unindo e friccionando, criando uma deformidade nesse ponto do balão. Tracione essa parte superior em direção à parte inferior, onde está o nó.

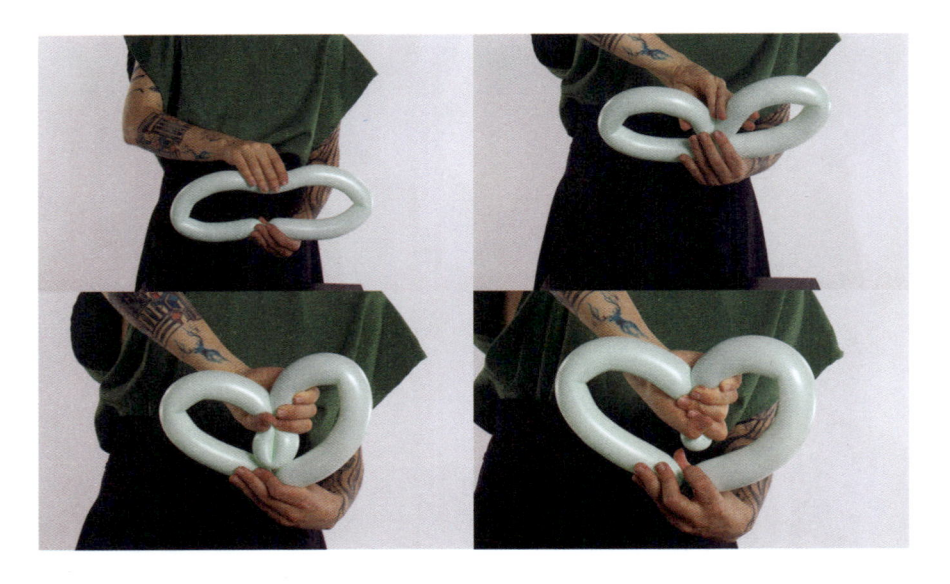

Ao liberar o balão do atrito, o local marcado ficará unido e a figura do coração se revela com clareza. Se for preciso, faça pequenos ajustes para deixar o formato mais evidente.

DICA

Você pode elevar ainda mais o nível de detalhe do seu coração, integrando-o a outras esculturas, como flores ou pequenos bichinhos.

Polvo

Materiais

- 4 balões palito 260 na cor azul-claro.
- Enrolador de balão palito.
- Inflador manual.

- 1 balão redondo 12" (inflado a 11") na cor azul-escuro.
- 2 balões redondos de 6" (inflados a 4") na cor branca.
- Caneta hidrográfica.

Para os tentáculos do polvo, infle os balões palito no enrolador, deixando todos eles com curvas sinuosas, aparentando os tentáculos. Em seguida, torça os quatro balões juntos pelo meio.

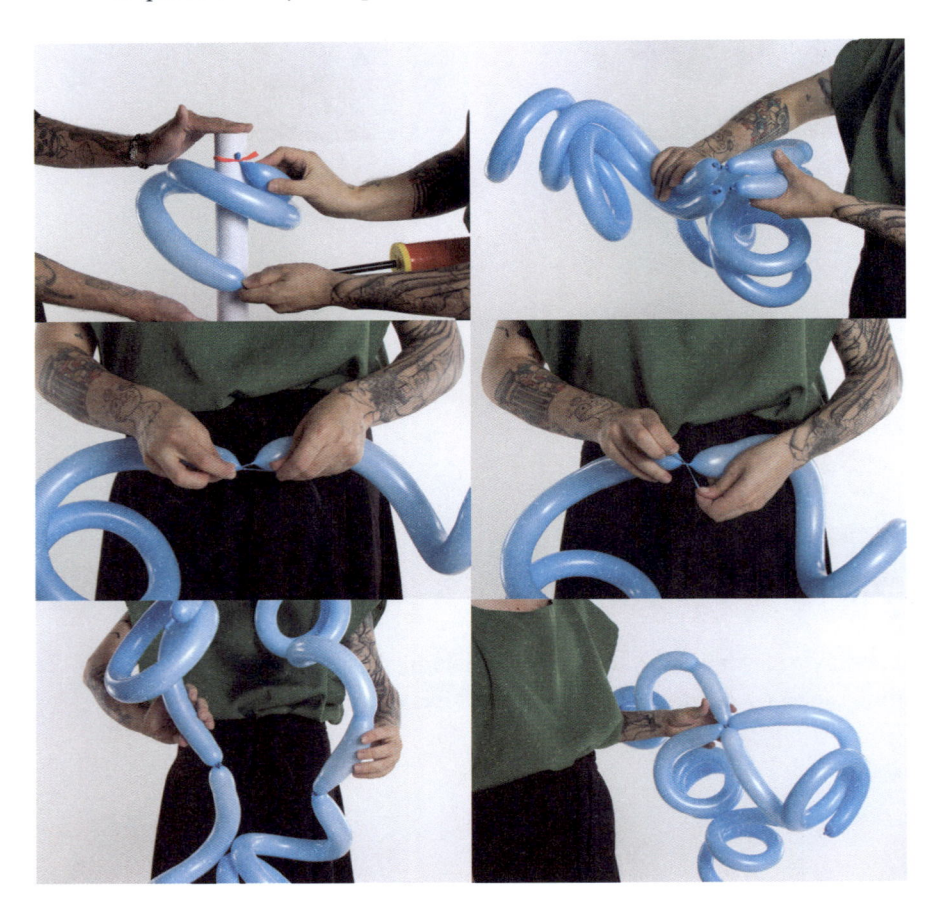

Acrescente o balão redondo azul-escuro, inflado a 11" – ele será o corpo do nosso polvo. Puxando na parte do nó, junte esse balão com os tentáculos.

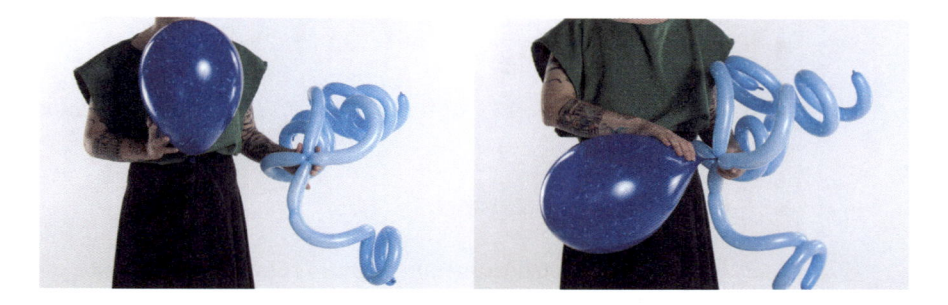

Forme um duplet com balões brancos inflados a 4" e coloque junto com a base do balão azul-escuro (a cabeça do polvo).

Com a caneta hidrográfica, desenhe os olhinhos em cada um dos balões brancos, para remeter mais à imagem do polvo.

Borboleta

Materiais

- 2 balões palito 260.
- 4 balões redondos de 12" (dois inflados a 9" e outros dois inflados a 7").
- Infladores.

Crie dois duplets, um com balões menores e outro com balões maiores, e escolha cores diferentes entre eles. Una os dois duplets pelo meio dos balões, torça e forme as asas da borboleta.

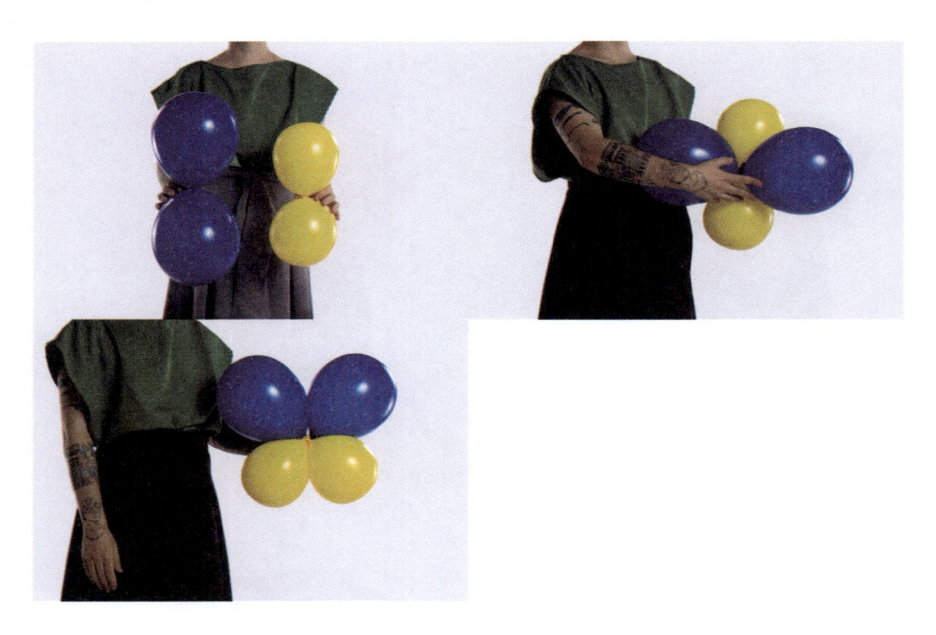

Infle o balão palito, deixando aproximadamente 5 cm vazio, e coloque-o no meio do conjunto de bolinhas, para formar o corpo da borboleta.

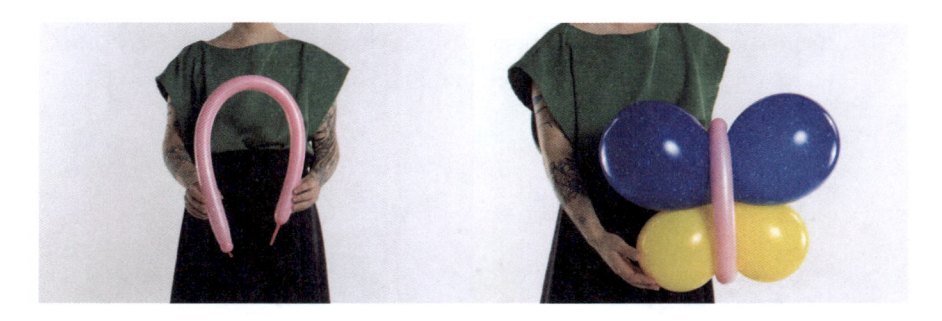

Para formar as anteninhas, infle um pouco outro balão palito, deixando uns 8 cm de parte cheia do balão. Com as mãos, pressione a parte cheia para o meio do balão, para que fiquem sobrando partes do balão vazio nas extremidades.

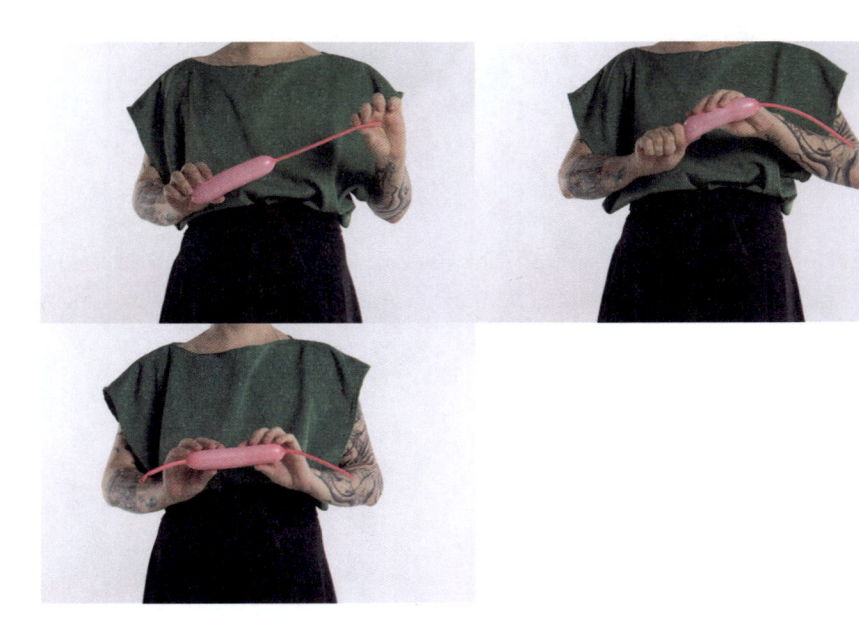

Torcendo, divida essa parte cheia do balão em duas; em seguida, pressione e empurre o ar da bolinha para a outra extremidade do balão. Faça isso nos dois lados. Dê dois nós, com um pouquinho de distância entre eles, mais ou menos na altura da parte torcida; assim, evitamos que o ar escape e conseguimos fazer as duas antenas com o mesmo balão.

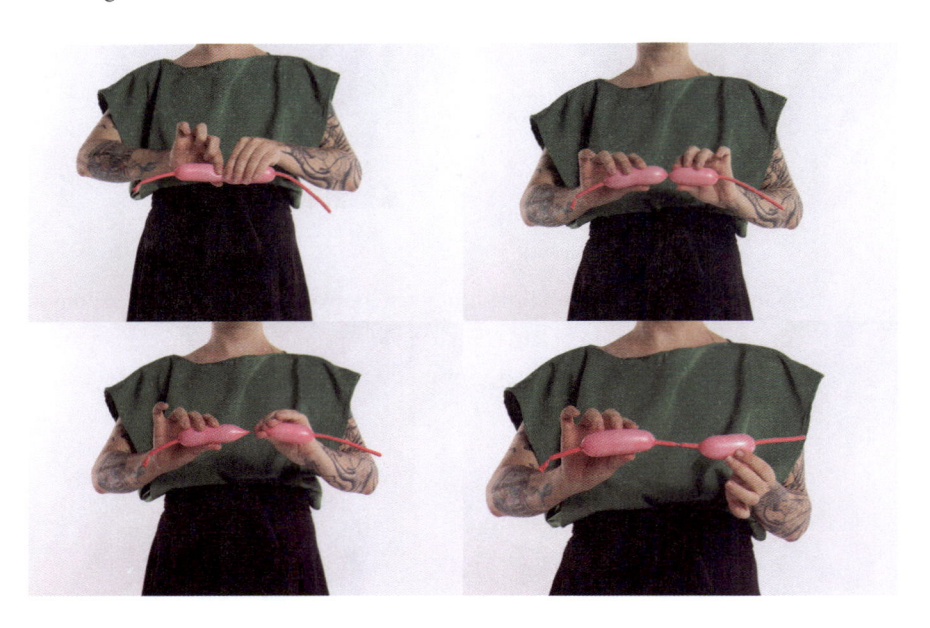

Corte as antenas na separação entre os nós e acerte a distribuição do ar, formando uma bolinha nas pontas. As antenas não precisam ficar idênticas nem com o mesmo tamanho.

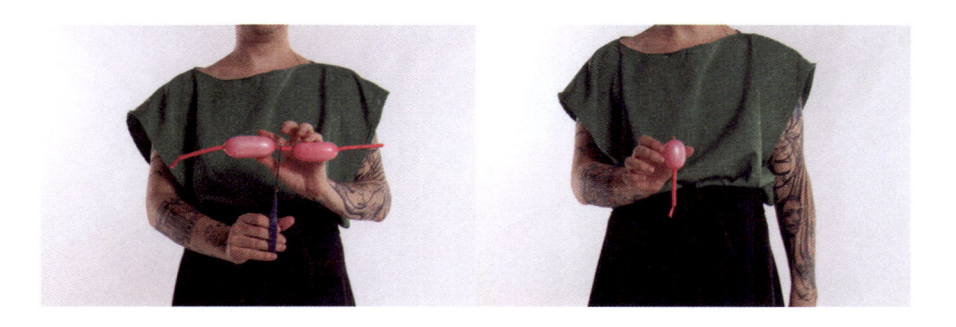

Em seguida, fixe-as junto ao corpo da borboleta, finalizando a escultura.

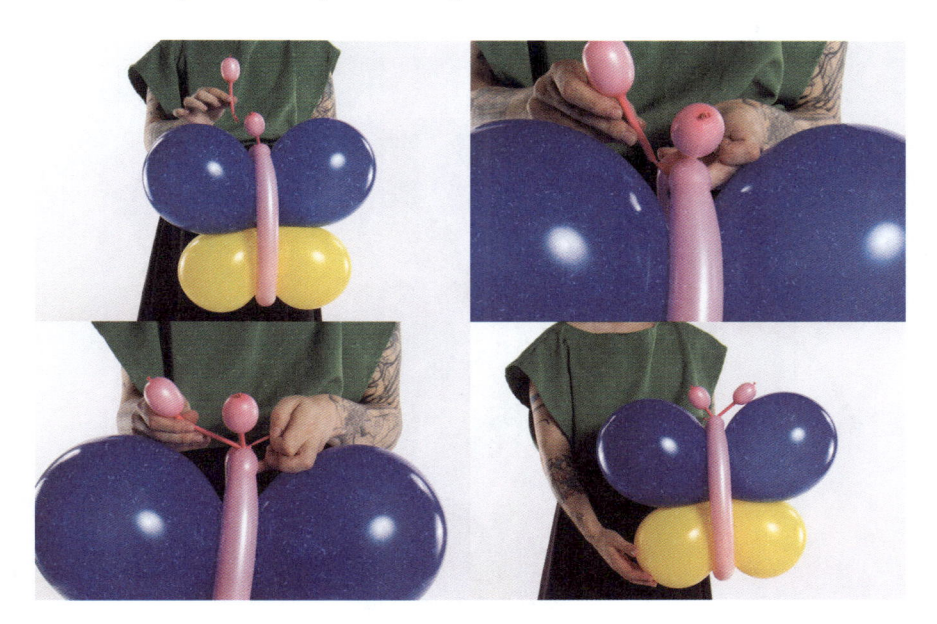

👍 DICA

Outro modo de formar as anteninhas: infle por inteiro outro balão palito e torça a ponta, formando uma bolinha de 2 cm; depois, segure e esvazie o restante do balão, amarre a ponta a uns 8 cm da base cheia e corte o excesso. Repita o processo para formar duas antenas.

Cachorro

Materiais

- 1 balão palito 260.
- Inflador manual.

Infle o balão palito 260 pela metade. Tenha bastante atenção a esse passo, pois o tamanho do cachorro depende de quanto você infla o balão nesse primeiro momento. Inflando mais o seu balão, as medidas ficam maiores e você terá uma escultura grande do animal. Aqui vamos fazer um cachorrinho inovador: ele já vem tosado, reparem nas patinhas dele.

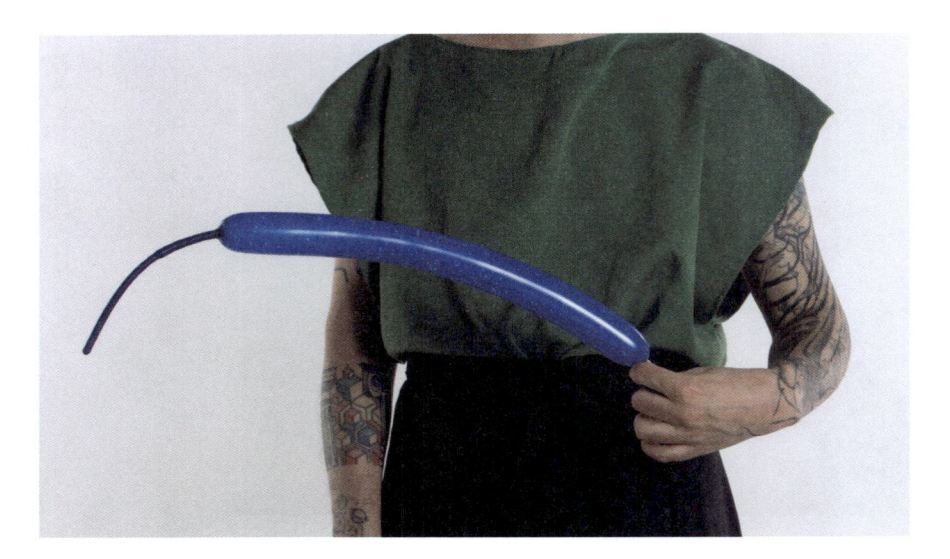

Faça uma primeira torção de 5 cm na ponta do nó. Esse será o focinho do nosso cachorrinho.

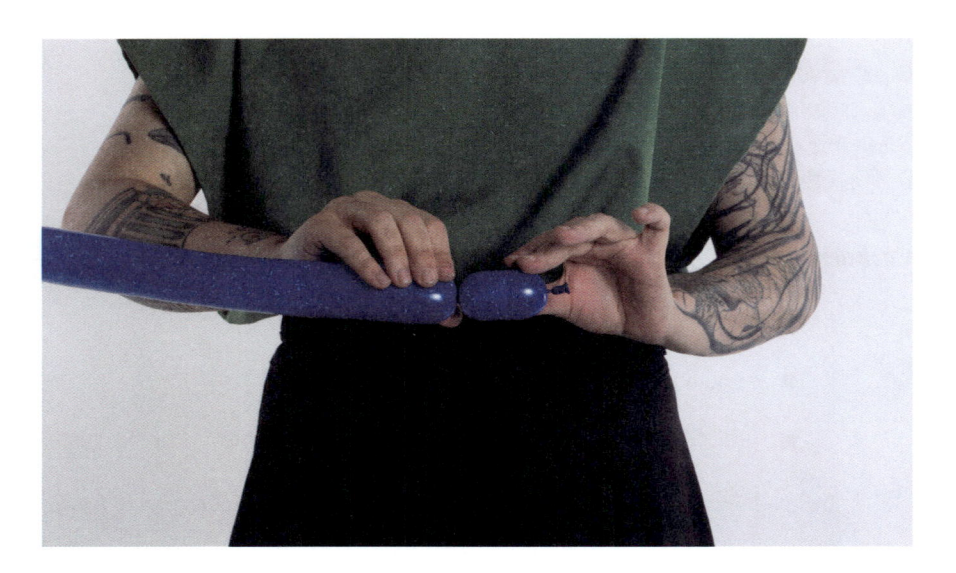

Para a cabeça, faça um arco e torça-o, posicionando atrás do focinho. Depois, faça uma pequena torção de 3 cm abaixo da cabeça para formar o pescoço.

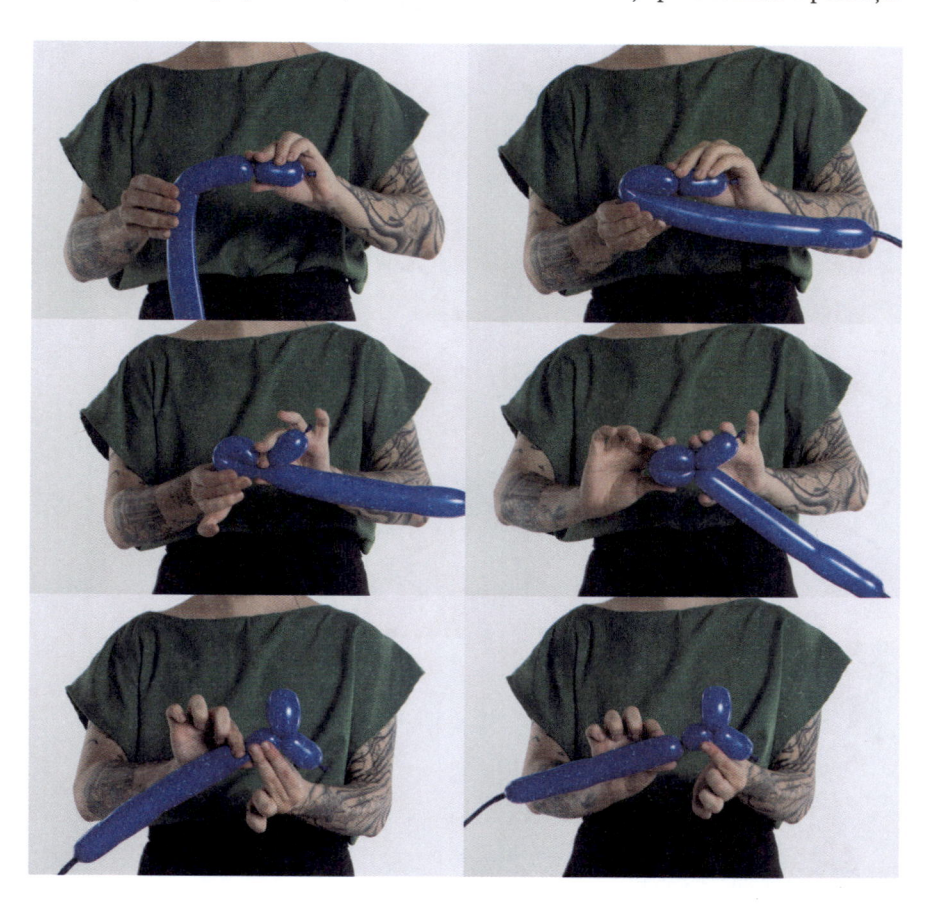

Em seguida, forme um seguimento de quatro torções respeitando essa sequência: 6 cm, 3 cm, 3 cm e 6 cm. Depois, junte as duas partes maiores, unindo-as e torcendo-as na altura do pescoço, para formar as patas dianteiras.

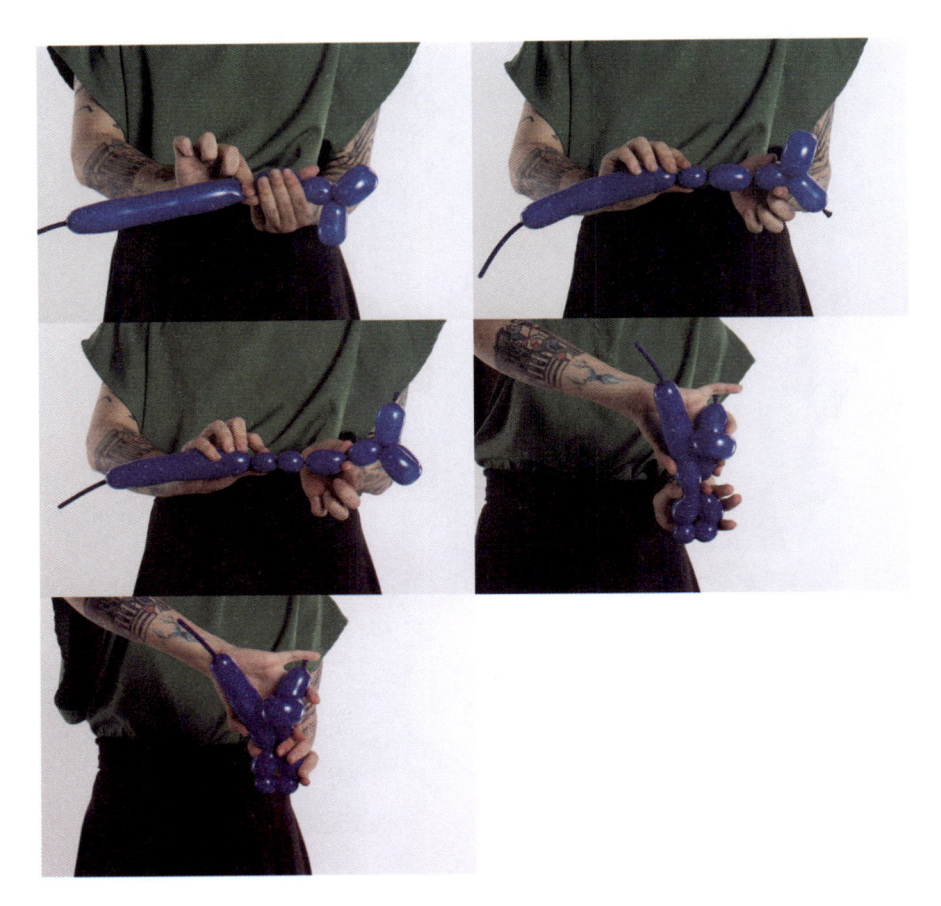

Deixando um espaço de mais ou menos 10 cm para formar o corpo, vamos repetir o seguimento das perninhas para formar as patas traseiras. Torça e deixe uma sobra para o rabinho. Se quiser, desenhe os olhinhos à caneta no focinho, próximo à parte da cabeça.

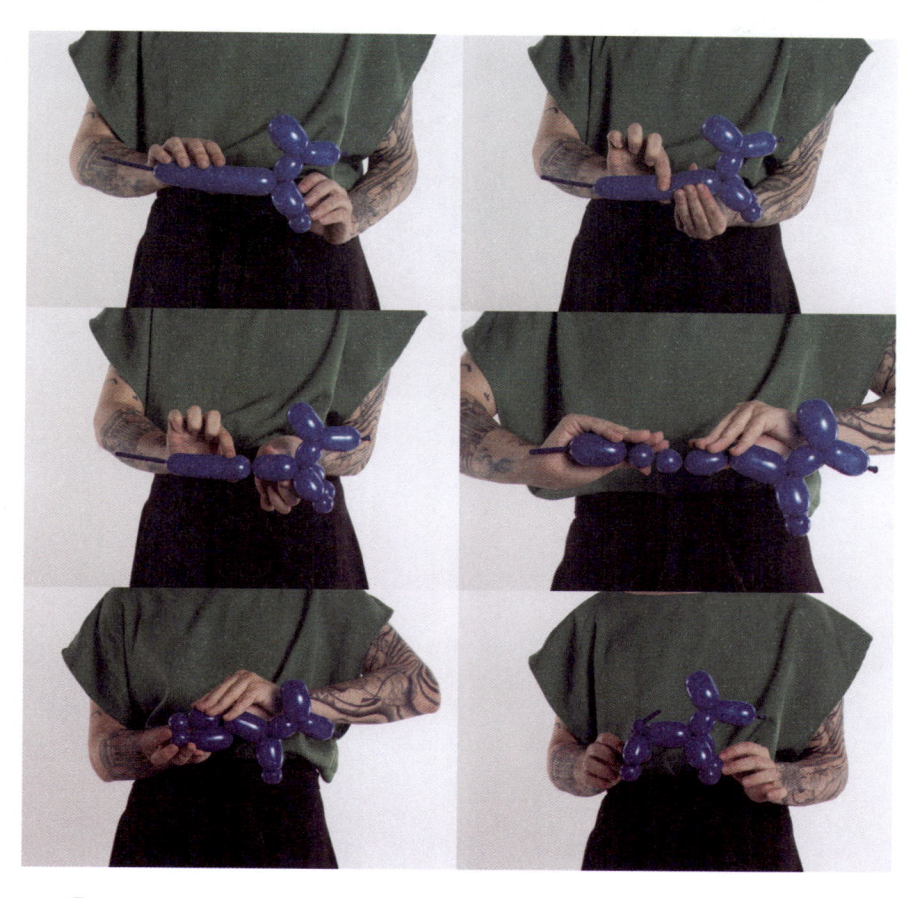

DICA

Dividindo a sobra que forma o rabinho em dois, jogue o ar da segunda parte para a extremidade, criando uma bolinha na ponta final, que será a ponta do rabo do seu cachorrinho tosado.

Flor

Materiais

- 4 balões palito 260: três da cor que você planeja fazer as pétalas e um na cor que será o caule da flor.
- 1 balão redondo de 6" (inflado a 4") na cor desejada para o miolo da flor.
- Inflador manual.

Infle os três balões palito 260 por inteiro, que serão as pétalas, e dê um nó unindo as pontas, assim como fizemos com o coração; a diferença é que vamos torcer o balão no meio, dividindo o arco em dois, formando três duplas de pétalas.

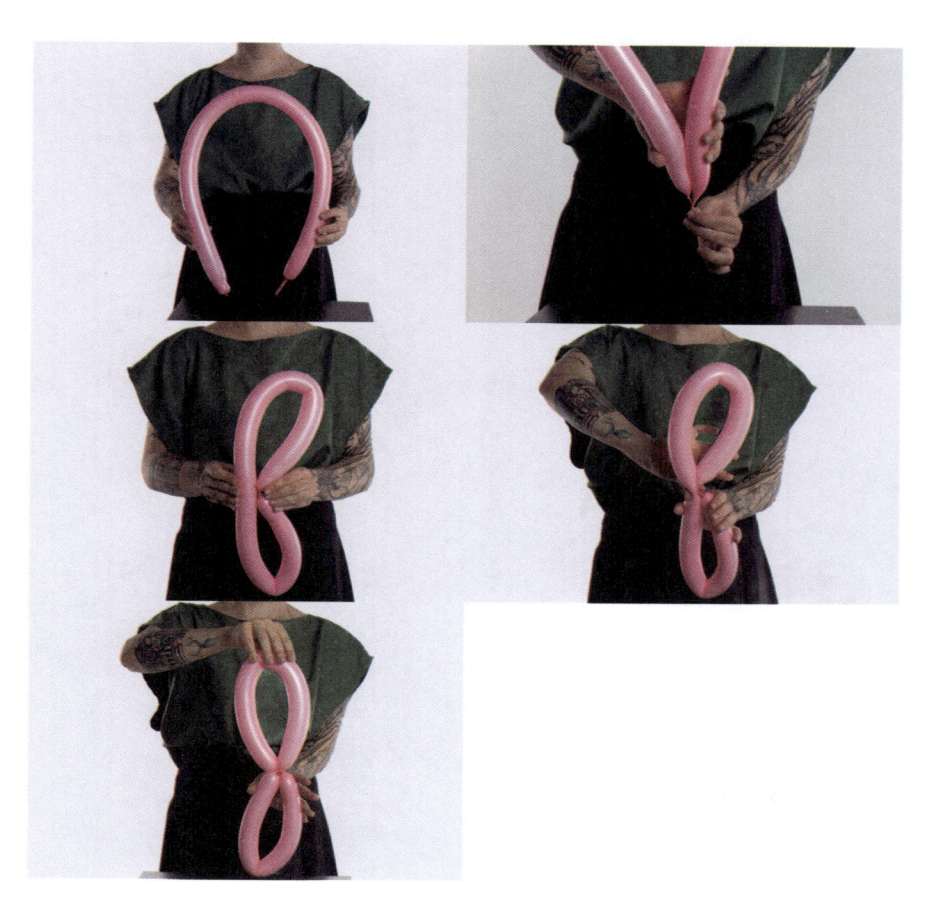

Coloque as três duplas de pétalas uma sobre a outra e torça-as, para uni-las na parte do nó do centro de cada uma. Em seguida, amarre o balão menor, inflado a 4", no centro, para formar o miolo.

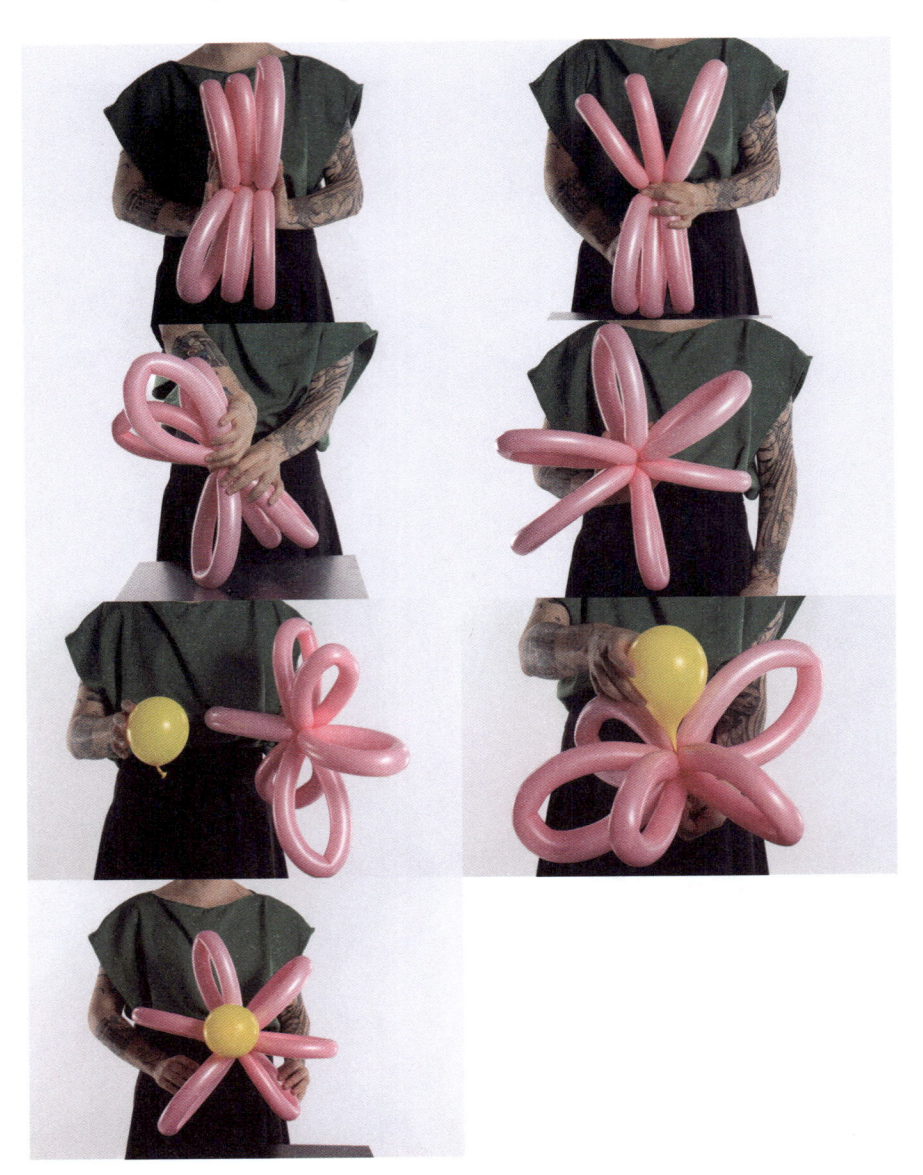

Infle o outro balão palito para o caule, deixando uma sobra de 5 cm no final. Após isso, faça um Z no centro do balão (atente-se para o modo de dobrar o balão ilustrado nas fotos a seguir para formar esse Z) e torça-o ao meio, para formar as folhas do caule. Para unir a flor, pegue um bico de um dos balões das pétalas e amarre junto ao nó do balão do caule.

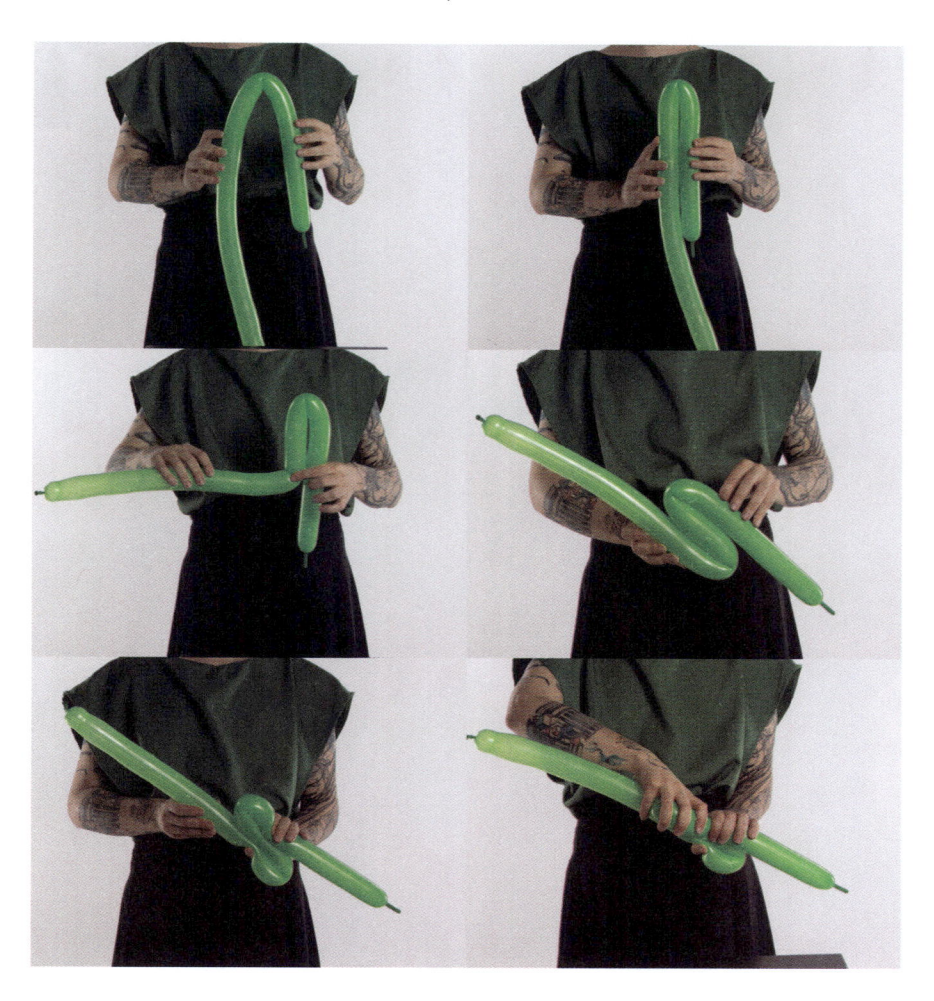

O UNIVERSO DA DECORAÇÃO COM BALÕES

Maçã

Materiais

- 2 balões redondos (um de 9" inflado a 5" e outro vazio) de cores diferentes.
- Um retalho de balão palito 260.
- Inflador manual.

Dê um nó bem próximo do gargalo do balão inflado a 5" para executar a transformação do balão em formato de maçã, chamada de "técnica da maçã", que é amplamente utilizada em diversas outras criações com balões.

Usando o dedo indicador, empurre o nó e o bocal da bexiga na direção oposta, até alcançar a outra extremidade do balão. Ao fazer isso, segure o nó com a outra mão. A seguir, faça algumas torções no próprio balão.

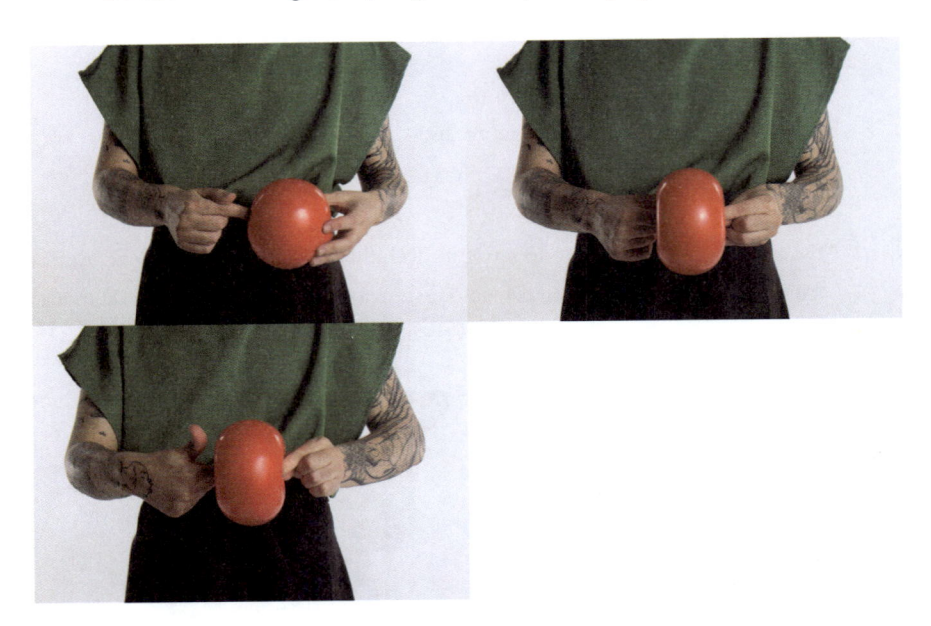

Para firmar o nó, envolva o retalho/pedaço do balão 260 em torno dele, efetuando algumas voltas. Além de trazer firmeza para a amarração, esse pedaço adicional de balão pode ser utilizado como meio de fixação em outra parte da escultura ou mural. Caso prefira, você também pode usar o balão de acabamento para fazer esse papel: amarre um balão redondo vazio na extremidade do nó da bexiga, que já está na forma de uma maçã. Esse balão adicional representa a folha pendurada na fruta, entregando um toque final para a escultura.

Lembre-se de que essas instruções são apenas um guia inicial e podem ser adaptadas e utilizadas de acordo com as suas preferências. Praticar e experimentar diferentes variações é a chave para aperfeiçoar suas habilidades na criação de esculturas em balões.

ESTRUTURAS E COMPOSIÇÕES: ARCOS, COLUNAS, VERGALHÃO, GUIRLANDA, PAINEL, ARRANJOS DE MESA, DE CHÃO E SUSPENSOS

Na decoração com balões, as estruturas e composições englobam os diversos arranjos e montagens que podem ser criados, dando vida a eventos, festas e ocasiões especiais. Cada tipo de estrutura possui a própria forma de ser montada.

Vamos projetar nossa decoração sempre pensando no geral, considerando o conjunto como um todo. Mas a decoração se compõe de várias partes que, quando unidas, resultam em nosso trabalho final. É crucial para o decorador examinar cada detalhe que compõe o evento. Quando há unidade na decoração, o trabalho ganha destaque e os efeitos visuais se tornam mais evidentes.

Iniciaremos explorando os arcos clássicos, que desempenham papéis fundamentais na decoração, como em entradas, fundos ou nas molduras de palco, criados com guirlandas. Eles podem ser usados para sinalizar trajetos, criar túneis ou enfatizar elementos relevantes, sejam produtos em exposição, objetos de destaque ou ambientes especiais dentro do evento.

Guirlandas

Chamamos de guirlanda o conjunto linear dos balões unidos, que podemos usar como arcos, colunas separadas ou colunas juntas, formando um painel para o cenário desejado. As guirlandas podem ser penduradas de forma vertical ou horizontal e também montadas com fios, cordões ou fitas.

Há no mercado uma fita plástica própria para construir arcos decorativos, com pequenos furos para fixar o balão. Essa fita é reutilizável: ao final, retire os balões e guarde a fita para eventos futuros.

As guirlandas são a base para muitas decorações, é a partir delas que vamos montar estruturas e painéis. Essa técnica permite criarmos um grande volume de decoração de forma rápida e também ajuda a saber antecipadamente as cores e a quantidade exata de balões que serão utilizados.

As formas mais conhecidas de guirlanda são: flor, zigue-zague e diamante.

Guirlandas de balões são grandes aliadas em sua decoração.

Essas variações são elementos-chave para explorar a versatilidade da arte da decoração com balões, possibilitando a geração de efeitos visuais impressionantes em diversos contextos.

Uma maneira para planejar um painel de decoração é pensar na concepção de guirlandas, que são criadas individualmente e depois unidas para compor o desenho ou formato desejado.

Painéis e murais de balão

São frequentemente usados como cenários de fotos ou fundo de palco. Os painéis e murais são formas retangulares ou quadradas compostas por balões. Você pode personalizar a decoração com nomes, mensagens, logotipos ou desenhos para contribuir com o tema do evento.

Quando embarcamos no processo criativo de montar um cenário, é crucial considerar o fundo da decoração. É nesse caso que os murais contribuem para a construção da atmosfera artística que desejamos criar no espaço.

Ao organizar guirlandas de maneira estratégica, somos capazes de erguer paredes que se transformam em imagens compostas por balões, harmonizando-se com o tema do evento, festa ou ocasião, conforme o planejamento.

Ao criar esses painéis, pense em guirlandas dispostas lado a lado ou alternadas, ou até mesmo opte pelas guirlandas quadradas, uma vez que estas são as preferidas para compor painéis de decoração.

Painéis e murais podem ser muito interessantes para ajudar a dar o tom do seu evento.

DICA

É possível unir as guirlandas utilizando clipes de papel e elásticos (ligas de dinheiro), confeccionando, assim, um painel com o desenho projetado de maneira prática e eficiente.

Arcos de balões

Os arcos de balões são formações curvas feitas de balões inflados, podendo ser usados como entradas, molduras de palcos, caminhos ou elementos decorativos em geral.

Existem vários tipos de arcos, incluindo arcos clássicos, arcos orgânicos (que têm uma aparência mais natural, fluida e desconstruída) e arcos espirais.

Materiais como fios de nylon, canos e estruturas de metal, unidos a bases firmes, podem ser usados para criar a forma desejada do arco.

Modelos diferentes de arcos para decorações de eventos em ambientes fechados e ao ar livre.

Colunas de balões

Colunas de balões consistem em estruturas verticais formadas por balões inflados e agrupados em clusters. Essas estruturas são utilizadas para criar pontos de destaque, delimitar as entradas do ambiente do evento ou adicionar altura para a decoração.

As colunas podem ser simples ou decoradas com detalhes elaborados, incorporando elementos como flores, folhagens ou balões de diversos tamanhos. Essa abordagem agrega uma dose de inovação à decoração, permitindo que cada coluna se torne uma peça única e impressionante dentro do conjunto decorativo.

As colunas podem ser uma escolha interessante e criar um ponto de destaque na sua decoração.

Vergalhões

São estruturas construídas de metal ou tubos de PVC que funcionam como alicerce para a criação de diversas formas decorativas. Essas estruturas se revelam uma alternativa resistente e multifuncional para a construção de bases personalizadas, permitindo a materialização de desenhos e formatos variados a serem preenchidos com balões para criar composições cativantes.

Arranjos de mesa

São pequenos arranjos compostos por balões e usados como centros de mesa em festas, eventos corporativos ou casamentos. Podem incluir balões em vasos, cachepôs ou outros suportes. Aplicando a técnica da maçã em um balão, podemos criar uma base que pode ser utilizada nos arranjos de mesa.

DICA

Utilize flores verdadeiras ou artificiais para dar uma sofisticação para o arranjo de mesa, unindo o natural das flores com o artificial dos balões.

Vamos montar um arranjo?

Materiais

- Flores (indicamos aqui as gérberas, fáceis de encontrar e que possuem várias cores diferentes, podendo combinar muito com as cores dos balões; mas você deve escolher a flor que mais se adeque ao projeto e tema do evento).
- Vaso pequeno ou cachepô, para sustentar o arranjo.
- 2 ou mais balões redondos inflados a 2".
- Haste para balões.
- Inflador manual.

Prenda cada balão redondo em uma haste, encaixando-o no espaço correto e não deixando sobra do nó para fora, para o bom acabamento do arranjo.

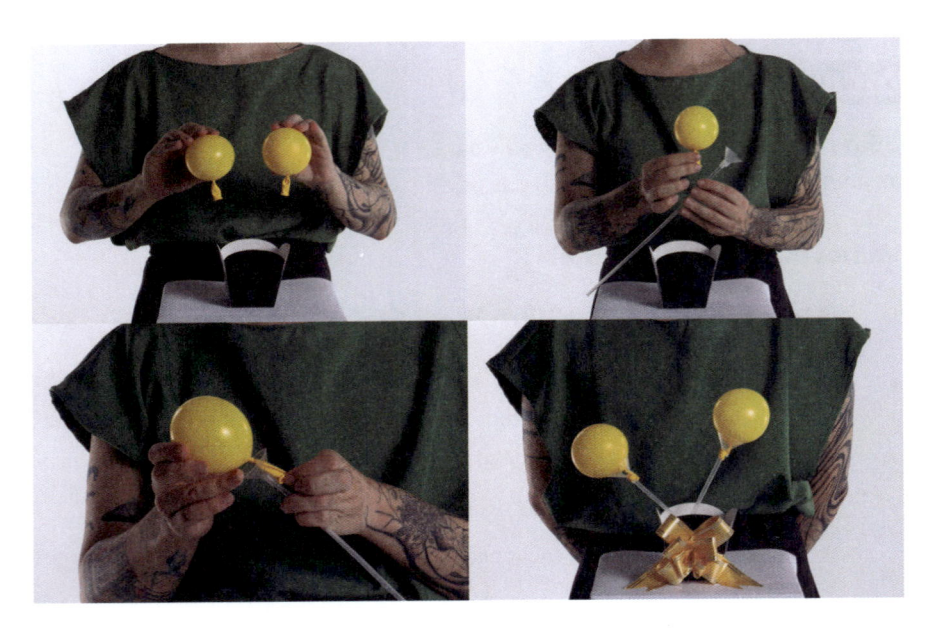

É claro que estamos apenas mostrando a técnica; cabe a você caprichar e deixar a imaginação fluir. Monte os arranjos mesclando as flores e os balões; você pode cortar as hastes em tamanhos diferentes, compondo um desenho no arranjo junto com as flores. Também é possível incluir, enlaçado no arranjo de flores, os balões metalizados com 18" em formas personalizadas ou gravados com mensagens e inflados com gás hélio.

Arranjos de chão

São decorações de balões colocadas no chão, como esculturas, personagens, colunas ou arranjos maiores apoiados no chão; esse tipo de arranjo adiciona um toque festivo e colorido ao ambiente.

Decorações suspensas

Muitas vezes, não pensamos em incluir o teto do local nos planos de decoração – e o uso desse espaço pode ser uma forma de surpreender os convidados do evento. Se imaginarmos com criatividade, conseguimos adicionar efeitos impressionantes para preencher espaços aéreos. Esse tipo de decoração envolve balões suspensos no teto, o que pode ser usado de formas diversas.

Bexigas presas no teto com um fitilho amarrado em seu nó podem dar um efeito circense, festivo. As nuvens presas ao teto são muito utilizadas para passar um clima calmo e celeste para o evento e podem ser usadas em chás de bebês ou revelação, por exemplo.

Decoração suspensa pode ser uma forma criativa de utilizar o espaço do evento.

A escolha da estrutura ou composição depende do ambiente, do evento e do efeito desejado. Com a combinação desses diferentes elementos, criamos decorações exclusivas e atraentes que deixarão uma impressão duradoura nos convidados. A experimentação e a criatividade são essenciais para criar decorações únicas e memoráveis.

ARREMATANDO AS IDEIAS

Neste capítulo, exploramos técnicas variadas de decoração com balões, que deixam qualquer evento mais criativo e personalizado, e abordamos uma variedade de habilidades essenciais para criar composições, mas também demos atenção a um componente que, por vezes, é negligenciado: sua saúde. A habilidade e as técnicas são importantes, mas lembre-se sempre de que, sem você para executá-las, nada acontece.

Desse modo, tratando de assuntos desde o aquecimento e alongamento do corpo do artesão até a criação de esculturas, arcos, colunas, etc., mostramos a você uma gama de técnicas e informações específicas para transformar balões nas mais interessantes e criativas decorações. Com as instruções detalhadas e a compreensão das diferentes técnicas, você poderá explorar a própria criatividade e surpreender em festas e eventos.

CAPÍTULO 4

Proposta comercial e empreendedorismo

De que maneira você pode criar uma experiência única para o cliente por meio do seu serviço? Na jornada do empreendedorismo, poucos segmentos combinam alegria e criatividade tão bem quanto a decoração com balões, e dar foco pra esse aspecto é uma maneira de se destacar.

Por isso, convidamos você a pensar: quais parcerias estratégicas poderiam fortalecer sua oferta, e assim construir uma rede de apoio que incentive a troca de ideias inovadoras?

Os balões não são apenas objetos inflados com ar ou gás; são também ferramentas lúdicas que transformam espaços comuns em cenários únicos. Neste capítulo, vamos nos ater aos detalhes que podem compor um plano de negócio para empreendedores da decoração com balões e exploraremos como transformar conceitos criativos em propostas comerciais atraentes.

Como vimos no decorrer deste livro, a decoração com balões é uma forma de arte que exige uma mente criativa e uma compreensão profunda das necessidades e desejos dos clientes. O empreendedor da decoração com balões é como um pintor, mas seu pincel é um balão e sua tela é o espaço em que a mágica acontece.

Tudo começa com a inspiração. Um empreendedor criativo está sempre atento às tendências, eventos sazonais e temas populares. Explorar revistas de design, plataformas de mídia social e até mesmo a natureza ao seu redor para encontrar ideias frescas é fundamental para a criação. Uma vez que a semente da inspiração é plantada, o processo criativo entra em ação. O empreendedor deverá começar a esboçar mentalmente as decorações, pensando em como os balões podem ser manipulados e combinados para criar algo verdadeiramente espetacular.

Com a visão criativa solidificada, chega o momento crucial de transformar a imaginação em uma proposta comercial concreta. Aqui, a habilidade de comunicação do empreendedor é fundamental. A proposta deve ter uma narrativa convincente, que transmita a essência da decoração planejada, o impacto emocional que terá e, é claro, os detalhes práticos, como tamanho, cores, local e orçamento.

Uma proposta comercial eficaz na decoração com balões deve conter os seguintes elementos:

- **Apresentação da ideia:** descreva a visão criativa por trás da decoração. Use linguagem vívida para pintar um quadro mental que transporte o cliente para o espaço transformado.

- **Detalhes técnicos:** especifique o número de balões necessários, o tempo estimado de montagem, a duração da decoração e qualquer necessidade técnica especial.

- **Orçamento detalhado:** apresente uma estimativa clara dos custos envolvidos, incluindo materiais, mão de obra e quaisquer taxas adicionais. Ofereça opções flexíveis para se adequar ao orçamento do cliente.

- **Benefícios e impacto:** explique como a decoração com balões vai aprimorar o evento, criando uma atmosfera única e memorável. Destaque o valor que a sua proposta trará ao cliente.

- **Exemplos visuais:** inclua esboços, maquetes ou fotos de projetos anteriores para dar uma ideia visual do resultado.

Uma vez que a proposta é entregue ao cliente, a verdadeira arte do empreendedor entra em cena: a capacidade de construir relacionamentos sólidos e confiáveis. O empreendedor de sucesso deve entender que cada cliente é único e se esforçar para compreender as necessidades individuais. Portanto, é recomendável certa flexibilidade e pouca resistência, a ponto de estar disponível para ajustar a proposta conforme o feedback do cliente, buscando sempre superar expectativas.

A relação entre um empreendedor de decoração com balões e seu cliente exige um diálogo delicado, que almeja a combinação perfeita entre assertividade e responsabilidades. Neste capítulo, vamos explorar como equilibrar esses elementos essenciais para criar uma parceria produtiva e bem-sucedida.

ASSERTIVIDADE E RESPONSABILIDADE NA RELAÇÃO COM O CLIENTE

A assertividade é uma habilidade poderosa que permite ao empreendedor expressar seus pensamentos, necessidades e limites de maneira clara e respeitosa. No contexto da decoração com balões, a assertividade é fundamental para estabelecer as bases da colaboração desde o início. E a responsabilidade é o elo que poderá manter a relação entre o empreendedor e o cliente forte e confiável. Ela envolve a disposição de assumir a responsabilidade por suas ações, cumprir compromissos e entregar resultados de alta qualidade.

- **Comunicação clara e transparente:** ao se comunicar com o cliente, seja direto e transparente sobre o que você pode oferecer. Não tenha medo de compartilhar suas ideias, opiniões e sugestões, mas lembre-se de fazê-lo de maneira respeitosa, considerando as preferências do cliente.

- **Definindo limites:** é importante definir limites desde o início. Explique o escopo dos seus serviços, prazos realistas e quaisquer restrições técnicas. Se algo estiver além das suas capacidades ou não for viável, seja honesto e explique as razões.

- **Lidando com feedback e pedidos do cliente:** a assertividade também se aplica ao lidar com feedback e solicitações do cliente. Se uma solicitação não estiver alinhada com a visão criativa, ou for inviável, explique os motivos de maneira clara e ofereça alternativas que ainda atendam às necessidades do cliente.

- **Comprometimento com prazos:** cumprir prazos é uma parte fundamental da responsabilidade. Se você prometeu entregar uma decoração em uma determinada data, é essencial se esforçar para cumpri-la. Caso surjam imprevistos, comunique imediatamente o cliente e explique a situação.

- **Qualidade consistente:** a responsabilidade também se estende à qualidade do trabalho. Certifique-se de que as decorações atendam ou excedam as expectativas do cliente. Se surgirem problemas após a entrega, esteja disposto a corrigi-los prontamente e de forma eficaz.

- **Transparência financeira:** manter a responsabilidade em relação aos aspectos financeiros é crucial. Faça um registro claro dos custos e despesas envolvidos na decoração e forneça ao cliente um orçamento detalhado e preciso desde o início.

A combinação de assertividade e responsabilidade forma a base de uma parceria duradoura e bem-sucedida com o cliente na área de decoração com balões. Quando o cliente percebe que você é confiável, transparente e comprometido em oferecer resultados excepcionais, a confiança se fortalece.

IMPORTANTE

Lembre-se de que a assertividade não significa ser inflexível, e a responsabilidade não deve ser uma carga pesada. É necessário encontrar um equilíbrio entre atender às necessidades do cliente e manter a integridade do seu trabalho.

À medida que você equaliza essa interação, a relação com o cliente se torna uma jornada compartilhada rumo à criação de decorações de sucesso. Com cada balão inflado e cada compromisso cumprido, a confiança se fortalece, transformando clientes em parceiros leais e garantindo um futuro brilhante para sua jornada empreendedora na decoração com balões.

DIMENSIONAMENTO DE MATERIAIS, MÃO DE OBRA E TRANSPORTE

Para garantir que seu projeto seja bem-sucedido, é preciso fazer o cálculo correto de materiais, mão de obra e transporte. Vamos elencar algumas diretrizes que vão lhe auxiliar em cada parte.

Dimensionamento de materiais

- **Balões:** calcule a quantidade de balões necessários com base no tamanho e na complexidade das decorações planejadas. Lembre-se de incluir balões extras, para substituições de última hora.

- **Gás hélio:** se utilizar balões de hélio, calcule a quantidade de gás necessária para inflá-los. Verifique a capacidade dos cilindros de gás hélio e planeje em conformidade com o que você vai criar.

- **Estruturas:** se você planeja usar estruturas, como arcos ou colunas, determine a quantidade de materiais necessários, como hastes, bases e fixações. Você também pode usar outros materiais, como fitas, fitilhos, pesos para balões, tesouras, cola para fixação de quaisquer elementos decorativos adicionais.

Dimensionamento de mão de obra

Para esse dimensionamento, pensaremos no tempo de preparação. Estime quanto tempo levará para inflar, torcer e montar cada elemento da decoração – isso pode variar com base na experiência do decorador. Considere o tempo necessário para montar e deixar tudo no local do evento, incluindo pendurar arcos, montar colunas, etc. Fique atento, pois a mesma decoração pode variar em tempo de montagem de acordo com os desafios do espaço. Se o projeto for grande e complexo, pode ser necessário ter uma equipe de decoradores para agilizar o processo.

Dimensionamento de transporte

Se for preciso deslocar sua decoração, leve em consideração o tamanho dos balões e certifique-se de que tudo cabe confortavelmente no veículo de transporte. Se você estiver usando balões inflados com hélio, lembre-se de que eles podem ser sensíveis a temperaturas extremas. Planeje o transporte das estruturas e materiais de maneira segura, evitando danos durante o trajeto. Inclua em seu orçamento o transporte da equipe, mas, se a montagem ocorrer em lugar diferente do evento, considere o tempo de deslocamento entre o local de preparação e o local do evento, bem como o tempo necessário para pendurar e fixar suas estruturas, evitando atrasos na entrega do seu trabalho. Esteja preparado para imprevistos, trânsito na rota ou condições climáticas adversas.

DICA

Certifique-se de que o custo de materiais, mão de obra e transporte esteja dentro do orçamento estabelecido para o projeto.

Realize ensaios prévios para calcular o tempo de cada etapa e ajustar conforme necessário. Crie um cronograma detalhado, desde a preparação até a montagem final.

O sucesso na decoração com balões depende de um planejamento meticuloso e da execução cuidadosa. Certifique-se de antecipar todas as etapas e considerar todos os detalhes para garantir que seu projeto seja um sucesso e impressione seus clientes e convidados.

PRECIFICAÇÃO DOS SERVIÇOS E MATERIAIS

Precificar seus serviços de decoração com balões é uma etapa crítica para garantir que você seja recompensado de forma justa pelo seu trabalho e que seus custos sejam cobertos.

Calcule seus **custos diretos**: some o custo de todos os balões, gás hélio, estruturas, fitas, pesos e outros materiais que você usará em uma decoração específica e os custos de combustível relacionado ao transporte.

Calcule os **custos de mão de obra**: determine o valor por hora e multiplique pelo tempo total, incluindo o tempo gasto na elaboração, criação e montagem no espaço. Acrescente horas trabalhadas da equipe necessária no seu projeto. Lembre dos gastos relacionados ao transporte e manutenção do veículo e outros.

Considere os **custos indiretos**: se você precisar comprar ou manter equipamentos especiais, como bombas de inflar, cilindros de gás hélio, entre outros, inclua esses custos. Acrescente gastos com publicidade, criação de site, materiais de marketing e outros investimentos para promover seus serviços. Se você participou de workshops ou cursos para aprimorar suas habilidades, leve em conta esses investimentos em sua precificação.

Determine a **margem de lucro** que você deseja alcançar em cima dos custos diretos e indiretos. Isso pode variar, mas é comum adicionar uma margem de 20% a 30% para garantir que sua empresa seja rentável.

Pesquise a concorrência, analise o mercado local para entender como seus concorrentes estão precificando seus serviços. Isso pode fornecer uma ideia de onde você se encaixa no espectro de preços.

Considere o **valor agregado**: se você oferece serviços personalizados, criativos ou têm experiência significativa, pode justificar um preço mais alto com base no valor que você traz aos clientes.

DICA

Em vez de ter um preço fixo para todos os tipos de decoração, calcule os preços de acordo com tamanho, complexidade e materiais necessários para cada projeto.

Ofereça diferentes pacotes de decoração com preços variados e opções adicionais, como balões personalizados, iluminação ou outros elementos que os clientes possam escolher e precisar.

Considere a demanda sazonal e eventos especiais que podem afetar os preços. Eventos de alta demanda podem justificar preços mais altos.

Seja transparente com seus clientes sobre como você calcula os preços. Explique o valor que você oferece e porque seus serviços estão precificados dessa maneira.

Lembre-se de que a precificação não é uma ciência exata e pode ser necessário ajustar seus preços à medida que você ganha experiência e compreende melhor seu mercado. O importante é garantir que você esteja cobrindo seus custos, sendo justo com você mesmo e oferecendo um serviço valioso aos seus clientes.

BRIEFING

Um briefing[1] bem realizado é fundamental no processo do planejamento para a execução de qualquer projeto na decoração com balões. Ele permite que você entenda as necessidades, preferências e expectativas do cliente, garantindo que sua decoração atenda todas as exigências e surpreenda o cliente, unindo inovações às suas ideias e desejos.

Mas quais são os elementos que você deve incluir em um briefing para o seu trabalho?

Comece recolhendo informações básicas do cliente, como dados pessoais e contatos, pergunte sobre as expectativas e objetivos da decoração para o evento e faça um levantamento do perfil do público-alvo, pois isso pode influenciar o estilo e a abordagem da decoração.

---

1 Briefing é um planejamento detalhado que serve como guia para a execução de um projeto. É possível classificar o briefing como um manual de instruções, pois reúne informações essenciais e orienta a equipe envolvida, garantindo que todos estejam alinhados e compreendam as expectativas.

Atente-se para os elementos específicos do tema que o cliente considera indispensáveis, ou se existe a vontade de usar algo personalizado, como mensagens, nomes ou números, que podemos montar com vergalhões e balões.

Investigue o que o cliente deseja em relação às cores principais ou paleta de cores preferidas para a ocasião.

Peça a descrição detalhada do local em que a decoração será realizada – é imprescindível saber se trabalharemos na parte externa ou interna, além das medidas e dimensões disponíveis no local. Observe se existem restrições, como teto baixo, espaço limitado, parede com tintas frescas, horários, etc.

Essa etapa também vai lhe auxiliar na elaboração do orçamento do projeto. Verifique se o cliente tem preferências por certos tipos de materiais ou balões, ou ainda se o cliente já estipulou um valor para esse investimento.

Veja algumas ideias de perguntas para o cliente, que devem ser feitas para guiar a etapa do briefing.

Informações básicas do cliente

- Nome do cliente e informações de contato.
- Data, hora e local do evento.
- Quem será o público do evento?
- Tipo de evento (aniversário, casamento, festa corporativa, etc.).
- Tema ou conceito do evento (se houver).

Informações sobre a decoração

- Qual é o objetivo da decoração? É possível criar um ambiente temático ou apenas um enfeite com uma decoração específica?
- Quais sensações ou emoções o cliente deseja transmitir por meio da decoração?

- Que tipos de decorações o cliente está interessado (arcos, colunas, centros de mesa, esculturas, etc.)?
- Quais são as cores principais ou paleta de cores preferidas?
- Quais elementos específicos devem ser incluídos na decoração (logotipos, personagens, etc.)?
- Há algum detalhe específico que o cliente deseja, como mensagens em balões, números de aniversário, etc.?

Informações sobre o local e o espaço

- Descrição do local em que a decoração será realizada: parte externa ou interna, (salão, jardim, quadra, rua, palco, etc.).
- Dimensões do espaço disponível para a decoração.
- Quais são as restrições do local?

Informações sobre o orçamento

- Qual é o orçamento disponível para a decoração?
- O cliente tem alguma preferência por certos tipos de materiais ou balões?

Nessa etapa, a comunicação com o cliente é direta, buscando sempre a aprovação antes de tomar decisões importantes para a continuidade do trabalho.

Certifique-se de manter uma comunicação aberta e regular com o cliente. Realize sempre um briefing detalhado, pois isso garante que você tenha uma compreensão clara dos desejos e das necessidades do cliente e que todos os detalhes sejam especificados.

PERFIL DO CLIENTE, ESPAÇO, PÚBLICO-ALVO E TEMA

No que diz respeito à base de uma proposta comercial atrativa, a chave para o sucesso reside na compreensão profunda de quatro elementos interligados: o perfil do cliente, as características do espaço, o público-alvo e o tema. Nas páginas seguintes, nos dedicaremos ao entendimento do enigma por trás dessa combinação, revelando como esses itens se unem para fortalecer um pensamento sólido e basilar presentes no cerne de uma proposta comercial.

Antes que os primeiros balões sejam inflados, é crucial mergulhar nas expectativas e desejos do cliente. O perfil do cliente é como um mapa que orienta a criação da decoração perfeita. Mantenha o diálogo aberto para entender a personalidade, os valores, o histórico e o que ele espera do evento.

O espaço em que a decoração será instalada é como uma tela em branco esperando para ser preenchida com cores e formas. Compreender as características do espaço também é fundamental para criar uma decoração que se integre harmoniosamente.

Lembre-se: cada evento tem um público específico, e a decoração com balões pode ser usada para estabelecer conexões emocionais com os convidados. Compreender o público-alvo ajuda a escolher elementos que dialoguem com eles.

Por fim, o tema é o fio condutor que une todos os elementos da decoração com balões. Ele é a história que a decoração conta, capturando a essência do evento e comandando a narrativa.

- **Explorando os sonhos e a visão:** descubra o que o cliente imagina ao fechar os olhos e visualizar o evento perfeito. Ouça atentamente enquanto ele compartilha sua visão e, em seguida, traduza essa visão em uma decoração criativa com balões.

- **Considerando restrições e preferências:** além das aspirações, também é importante entender quaisquer restrições orçamentárias, limitações de espaço e preferências específicas do cliente. Essas informações ajudarão a moldar a proposta final.

- **Analisando dimensões e layout:** tire medidas precisas do espaço para garantir que a decoração seja proporcional e não restrinja a circulação. Considere os diferentes pontos de vista dos convidados para criar uma experiência envolvente.

- **Adaptando-se ao ambiente:** o estilo e a atmosfera do espaço também desempenham um papel crucial. Seja uma sala de festas elegante ou um jardim ao ar livre, a decoração deve se adaptar ao ambiente e realçar suas características.

- **Idade, interesses e expectativas:** se o evento é um aniversário infantil, um casamento ou uma celebração corporativa, o perfil dos convidados é vital. Decorações mais lúdicas para crianças, elegantes para casamentos e criativas para eventos corporativos podem ser personalizadas para atender às expectativas do público.

- **A marca:** se você está decorando um evento corporativo, considere a identidade da empresa e sua cultura. A decoração pode refletir os valores da marca, criando uma experiência coesa e memorável.

- **Da imaginação à realização:** transformar um tema abstrato em uma decoração concreta exige criatividade e atenção aos detalhes. Explore cores, formas e elementos que se alinhem ao tema escolhido.

- **Equilíbrio e foco:** mantenha um equilíbrio harmonioso entre todos os elementos da decoração, garantindo que o tema seja o foco central, mas que não se torne opressor.

Ao desvendar o perfil do cliente, as características do espaço, o público-alvo e o tema, o empreendedor da decoração com balões abre um mundo de possibilidades criativas. Cada balão inflado e cada detalhe cuidadosamente escolhido trabalham em conjunto para criar uma experiência que não apenas enche o espaço com inventividade, mas também desperta sensações nos convidados de maneira profunda e duradoura.

ARREMATANDO AS IDEIAS

Neste capítulo, exploramos a importância da assertividade e responsabilidade ao lidar com os clientes. Discutimos como dimensionar corretamente os materiais, a mão de obra e o transporte para garantir uma execução eficiente. Além disso, abordamos a precificação dos serviços e materiais, considerando fatores como o briefing, perfil do cliente, espaço, público-alvo e tema. Esses elementos são fundamentais para o sucesso na área de prestação de serviços e eventos.

À medida que concluímos nossa exploração abrangente sobre a decoração com balões e seu intrincado relacionamento com o mercado de trabalho, é impossível não sentir uma mistura de inspiração, admiração e entusiasmo por esse campo dinâmico e em constante evolução. Nossa jornada começou com a inocência de balões flutuantes e nos conduziu através de um universo de criatividade, técnica e empreendedorismo, mostrando-nos que os balões são muito mais do que meros objetos inflados; eles são veículos de expressão, comunicação e transformação.

Exploramos profundamente a essência da criatividade no contexto da decoração com balões, que transcendem sua simplicidade física para se tornar instrumentos artísticos capazes de emocionar, contar histórias e decorar com elegância.

No entanto, à medida que os balões se elevam na dança da criatividade, não podemos ignorar o solo da comercialização e do mercado de trabalho. No decorrer deste livro, mergulhamos fundo nas nuances desse relacionamento, explorando o caminho que os balões percorrem desde sua concepção criativa até a entrega de projetos que cativam os clientes. Observamos que, no mundo moderno, a decoração com balões não é apenas uma atividade recreativa, mas também uma profissão respeitável e um campo de negócios em ascensão.

Ao adentrar o mercado de trabalho da decoração com balões, desvendamos um cenário rico e variado, repleto de oportunidades para aqueles que estão dispostos a abraçar a jornada. Observamos como os balões encontraram seu espaço em uma ampla gama de eventos, desde festas de aniversário até casamentos luxuosos e eventos corporativos sofisticados. Cada celebração é como uma tela em branco para a criatividade dos decoradores. Além disso, notamos que o mercado de trabalho da decoração com balões não é apenas sobre ornamentar festas; é um segmento que exige habilidades diversificadas. Aqueles que dominam as técnicas de torção, escultura e design de balões encontram boas oportunidades, e os empreendedores visionários enxergam a decoração com balões como um negócio promissor, estabelecendo empresas e marcas que satisfazem as demandas do mercado.

Concluímos essa jornada com uma compreensão profunda de que a decoração com balões transcende o físico e o artístico, alcançando um espaço em que o sonho e a realidade se entrelaçam. O mercado de trabalho nos mostrou que essa paixão pode ser traduzida em uma carreira gratificante e próspera, e o empreendedorismo nos mostrou que os balões podem elevar nossas ambições para alturas inimagináveis.

Portanto, à medida que fechamos este livro, convidamos você a abraçar o universo de possibilidades que a decoração com balões e o mercado de trabalho têm a oferecer. Seja você um artista criativo, um decorador experiente ou um aspirante a empreendedor, lembre-se de que, nas alturas criativas dos balões, o céu é o limite, e as oportunidades são tão vastas quanto o próprio horizonte. Que essa jornada continue inspirando você a explorar, criar e conquistar um mundo de cores, formas e sonhos.

Referências

ADOBE COLOR. Color Wheel. **Adobe Color**, [*s. l., s. d.*]. Disponível em: https://color.adobe.com/pt/create/color-wheel. Acesso em: 15 jan. 2024.

A HISTÓRIA dos balões. **Gemar**, Frosinone, [*s. d.*]. Disponível em: https://gemar.it/pt-br/about-us/a-historia-dos-baloes/#:~:text=Galileu%20usou%20a%20versão%20da,para%20um%20experimento%20com%20hidrogênio. Acesso em: 15 jan. 2024.

AIDAR, Laura. Teoria das cores. **Enciclopédia Significados**, [*s. l., s. d.*]. Disponível em: https://www.significados.com.br/teoria-das-cores/. Acesso em: 20 jun. 2024.

ANGHEBEN, Fabio. Desfile de Ação de Graças em Nova York: dicas de onde assistir. **Blog Dicas Nova York**, [*s. l., s. d.*]. Disponível em: https://dicasnovayork.com.br/desfile-de-acao-de-gracas-em-nova-york/. Acesso em: 19 jun. 2024.

BALLOON. **New World Encyclopedia**, [*s. l., s. d.*]. Disponível em: https://www.newworldencyclopedia.org/entry/Balloon. Acesso em: 15 jan. 2024.

BALLOON ART. Benefits of using balloons for business promotions. **Issuu**, Palo Alto, 30 jan. 2019. Disponível em: https://issuu.com/balloonart3/docs/baloon_art_d4d4124273d52b. Acesso em: 15 jan. 2024.

COLOR psychology, balloons, and event decorating. **Life o' the party**, Hackensack, 22 jan. 2019. Disponível em: https://lotparty.com/color-psychology-balloons-and-event-decorating/. Acesso em: 15 jan. 2024.

COMO fazer medidor de balões | como usar medidor de balões. [*S. l.: s. n.*], 1 fev. 2023. 1 vídeo (9 min). Publicado pelo canal Baú Mágico Festa. Disponível em: https://youtu.be/kFuw-rFVtdc?si=0il10WN6BDI7sRDX. Acesso em: 19 jun. 2024.

DANTAS, Guilherme. Círculo cromático: o que é e como usar em seus projetos? **Designerd**, Santa Catarina, 7 jan. 2022. Disponível em: https://www.designerd.com.br/circulo-cromatico/. Acesso em: 20 jun. 2024.

DIY balloon sizer box | cardboard box balloon sizer tutorial. [S. l.: s. n.], 5 out. 2019. 1 vídeo (4 min). Publicado pelo canal Event Answer. Disponível em: https://www.youtube.com/watch?v=xb9JFD68za8. Acesso em: 19 jun. 2024.

ENTENDENDO as cores primárias, secundárias e terciárias. **Adobe**, [s. l., s. d.]. Disponível em: https://www.adobe.com/br/creativecloud/design/discover/secondary-colors.html. Acesso em: 20 jun. 2024.

GUIA completo sobre a teoria das cores. **Criativa.Art**, [s. l.], 25 maio 2023. Disponível em: https://criativa.art/guia-completo-sobre-teoria-das-cores/. Acesso em: 20 jun. 2024.

HOW TO inflate a cow bladder. [S. l.: s. n.], 2013. 1 vídeo (5 min). Publicado pelo canal TheMobileMask. Disponível em: https://youtu.be/_5V4YJSENF0?si=bFvLAToTZV_NoK8O. Acesso em: 15 jan. 2024.

LEIDEN, Kathi. The original balloon animals were made from animals. **Zephyr**, Avon, 19 abr. 2016. Disponível em: https://zephyrsolutions.com/original-balloon-animals-made-animals/. Acesso em: 15 jan. 2024.

MICHAEL Faraday: o início da carreira científica. **Biografias científicas**: grupo de História, Teoria e Ensino de Ciências, Universidade de São Paulo, São Paulo, [s. d.]. Disponível em: https://www.ghtc.usp.br/Biografias/Faraday/faradinic.htm. Acesso em: 15 jan. 2024.

PALETA de cores no Adobe Color. [S. l.: s. n.], 2019. 1 vídeo (6 min.). Publicado pelo canal Estação Aberta. Disponível em: https://www.youtube.com/watch?v=44F1hFFFD4g. Acesso em: 17 jan. 2024.

QUAIS são as cores análogas e as cores complementares? **Conselhos Rápidos**, [s. l.], 10 jul. 2019. Disponível em: https://conselhosrapidos.com.br/quais-sao-as-cores-analogas-e-as-cores-complementares/. Acesso em: 20 jun. 2024.

REDAÇÃO Designe Oficial. O que é a teoria das cores? **Designe Oficial**, [s. l.], 15 jun. 2021. Disponível em: https://designe.com.br/teoria-das-cores/. Acesso em: 20 jun. 2024.

REDAÇÃO Studio Immagine. Círculo cromático: o que é, para que serve e como usar? **Studio Immagine**, São Paulo, [s. d.]. Disponível em: https://studioimmagine.com.br/circulo-cromatico-o-que-e/. Acesso em: 20 jun. 2024.

SABIONI, Amanda. Teoria das cores. **InfoEscola**, Recife, [s. d.]. Disponível em: https://www.infoescola.com/artes/teoria-das-cores/. Acesso em: 20 jun. 2024.

TEMPONE, Denise. O que é e para que é usado o círculo cromático? **Domestika**, [s. l., s. d.]. Disponível em: https://www.domestika.org/pt/blog/6040-o-que-e-e-para-que-e-usado-o-circulo-cromatico. Acesso em: 20 jun. 2024.

TEORIA da cor. **Conceitos do Mundo**, [s. l., s. d.]. Disponível em: https://conceitosdomundo.pt/teoria-da-cor/. Acesso em: 20 jun. 2024.

THE HISTORY of balloons. **Baloon HQ.com**, [s. l., s. d.]. Disponível em: https://balloonhq.com/faq/history/. Acesso em: 15 jan. 2024.

THE IMPORTANCE of choosing the right balloon color palette. **Diddams Party & Toy Story**, San Mateo, [s. d.]. Disponível em: https://www.diddams.com/the-importance-of-choosing-the-right-balloon-color-palette. Acesso em: 15 jan. 2024.

THE RED Balloon. [S. l.: s. n.], 2021. 1 vídeo (34 min.). Publicado pelo canal Inês Conduto. Disponível em: https://youtu.be/dGzY9zp46KI?si=2jSYy22crzZ2S0P5. Acesso em: 14 nov. 2024.

VALERIA. Quer trabalhar com decoração? Conheça 13 profissões da área! **Blog Dona Cereja**, [s. l.], 25 fev. 2020. Disponível em: https://blog.donacereja.com.br/quer-trabalhar-com-decoracao-conheca-13-profissoes-da-area/. Acesso em: 19 jun. 2024.

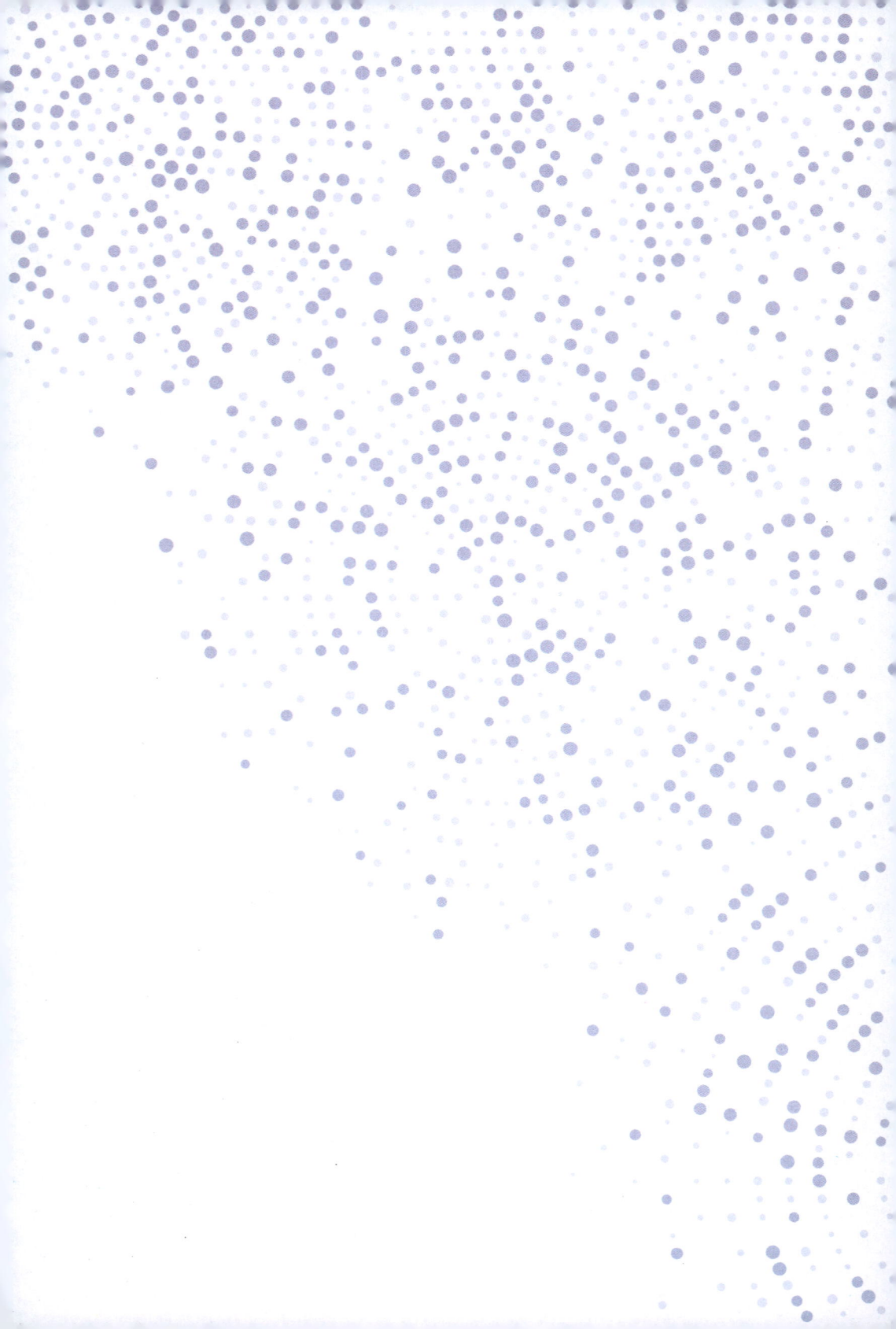